目錄

作者序　為什麼要思考自由……12
前言　身為母親，我心疼我的女兒……16

01 放下自己內心的「別人」

放下自己內心的「別人」……22
穿衣服要有「媽媽的樣子」？……24
就算想要拒絕，也怕別人不能接受……30
「怎麼有這麼不貼心的女兒？」……33
灰姑娘的心態：等待別人發現她的善良……39
成爲母親，讓我開始學習相信自己……43
有責任，就有選擇的權利，就有自由……48

給那些隱沒在女兒、
妻子、媳婦、母親角色後的自己

媽媽的自由

02 可以實現的自由

眞正的善良，不會養大別人自私的胃口……54
好女兒、好太太、好媳婦、好母親……這些綁住女人一生的「好評」……59
害怕做自己，就只能被他人勒索……65
不是扮演理想的角色，就能換來理想的人際關係……69
自由，就是用自己認爲正確的方式盡責……74
不管婚或不婚，做決定時都要謹愼……79
家庭事業兩得意的是男人，兩頭燒的是妳……83
選擇什麼樣的伴侶，就是選擇未來的人生……89
告訴自己：「我想過的自由。」……94
踏入婚姻，也是自己的選擇……100
不要說自己「別無選擇」，要爲自己的心願奮鬥……106
卽使變成一個人，也要好好生存……111

03 懂得珍惜自由的人

守護自由的方式，不需要別人的認同……120
保有「離開一段關係」的自由……123
單身的人比較「自由」，但也受到各種的牽絆……127
在各種狀態下，都要珍惜自己的自由……130

04 換個角度看待原生家庭

即使是原生家庭，也會有遺憾……134
人際關係，總有必須放下的執著……136
即使是父母，也是妳生命中的「他人」……140
童年創傷，終究還是自己才能修補……145
不想互相刺傷，就保持距離……149

父母所認為的「愛」，和我們並不相同……152
誰說彼此相愛的家庭一定是和樂融融？……157
不做等待父愛／母愛的孩子……161

05 姻親之間，緣分不能強求

不要把所有人的認同，當成人生的目標……170
得不到肯定的媳婦 vs. 討人喜歡的女婿……173
婆媳問題，是親子之間獨立／放手的拉鋸……178
世界上沒有不被討厭的人……182
接受現實，有些人就是「不喜歡妳」……187
婆婆討厭的是她自己的生活，而不是妳……191

06 婚姻，一種不自由的幸福

已婚者尋求答案的過程 …… 196
溝通，要先了解眞實的自己 …… 201
認清婚姻和家庭的現實 …… 205
當妳說「這不是我要的生活」 …… 210
懂＝愛，是一種錯覺 …… 217
不要用「靈魂伴侶」的想像束縛彼此 …… 224
發生在過去的事情，聽起來就是抱怨 …… 228
在婚姻裡學習獨立自主 …… 231
在潛意識裡，妳是不是排斥溝通？ …… 235
先讓自己冷靜下來，才有對話的可能 …… 238
不是不能期待對方，而是所有期待都要「合理」 …… 244

07 給孩子自由，是父母一輩子的練習

自由就像禮物，不一定出現在想要的時候……250
培養孩子獨立，是父母對人際關係的學習……254
父母和子女，都會渴望被對方認同……257
彼此相愛，未必就彼此認同……264
最單純的幸福，就是「在一起」……269

後記

在最不自由的處境下，找到自己「真心想要的自由」……274
給女兒的一封信……287

作者序

爲什麼要思考自由

邁入中年，孩子還小，父母逐漸衰老，工作上不再被視爲新人那樣加以包容，要做的事情更多，承擔的責任也更重，不管是男人或是女人，人生應該都是在這個階段，最常感覺到身不由己了吧。

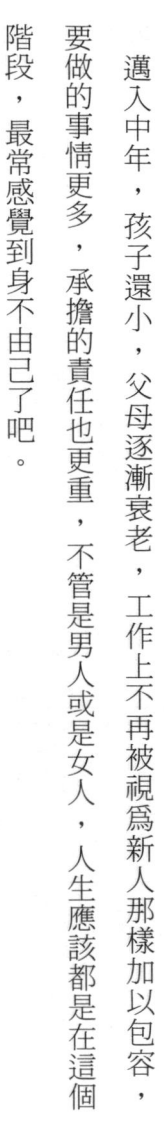

但是女人身上的擔子比男人沉重，會這麼說不是因爲我是女人，所以特別同情女人的緣故。而是因爲在人際關係上，女人總是被要求負擔更多的情緒勞動，男人可以因爲工作忙而對家人朋友有些疏忽，但是無論性別平等的口號再怎麼響亮，世間還是用更嚴苛的標準來評價女人。

女人有工作成就固然好，卻不被認爲這是可以疏忽家庭的理由，所以不管她是職業婦女還是全職主婦，身邊的人、社會輿論，還是會以她是不是個好媽媽、好女兒、好太太和好媳婦，這些用「與其他人的關係」，甚至是其他人對她的「滿意度」來衡量的事情，來評價她的個人。

職業婦女就算已經蠟燭兩頭燒了，還是不能夠像男人那樣，因爲自己上班很累，下班就被動的享受其他家人的照顧，無論在什麼情況下，女人都被要求要對家人溫柔體貼，心甘情願的爲家人付出。

學生時代主修社會學的我，很快就察覺到這是一種性別不平等，沒有理由，純粹因爲「妳是女人」，就會被要求承擔其他人不想承擔、或者自認爲無力承擔的任務，但是我也很快就感覺到無能爲力，好像知道了社會是這麼不平等之後，只是讓人失去了樂觀向上的意志，卻沒辦法對這不平等的處境做些什麼。

特別是在踏入婚姻，身上多了已婚的女兒、媳婦、妻子、母親等等專屬於女人的角色之後，我更是深刻體會到身爲女人，因爲那麼多情感和角色關係上的束縛，就是沒辦法像男人那樣「自由」。

不是說男人就可以隨心所欲的做任何事情，而是說做同樣的事情，後果總是大不相同。

男人只要替小孩換一次尿布，就會被讚美「眞是個好爸爸」，而每天爲孩子把屎把尿，忙到蓬頭垢面，卻被認爲是女人應盡的職責；如果因爲工作忙或者個性使然，和姻親之間並不親近，女婿這麼做並不會被認爲有什麼大不了，媳婦如果這樣，就會被批評算不上個「好媳婦」。其他還有像是因爲工時長，所以假日只想休息不想陪小孩、自覺情感空虛所以外遇等等，這些事情無論男女都同樣不被允許，但是一旦發生，因爲性別，男女被原諒和被包容的程度卻大不相同。

女人是相對不自由的性別，這理由是社會的、文化的，而不僅是因爲她個人。

在知道這些事情而且切身體會之後，我究竟還能夠爲自己做些什麼？不想要陷入身爲女人的自怨自艾，或者無奈的想著下輩子有機會一定要做個男人，我想把握這僅有一次的人生爲自己做些什麼，所以我開始思考什麼是「女人的自由」。

前言

身爲母親，我心疼我的女兒

如果我希望女兒能夠勇敢追求自由，不要因為身為女性而自我設限，我要先讓她看到，身為母親的我，是如何面對這種種不自由的困境，我用什麼方式看待別人待我的不公平，還有，我如何避免用不公平的期待看待別人。

女人身上有太多角色期待的包袱了，就從身爲一個女孩，誕生到這世上開始。

在我已經有了一個兒子之後，又懷了妹妹，不知道聽了多少次：「恭喜妳！女兒比兒子貼心呢！」於是我時常在夜深人靜的時候，撫著肚子心想：「可憐的孩子，還沒出生，就已經被當作是『與男孩不同』的存在了。」

女兒從出生起，甚至是出生前，就已經被預期會比兒子「貼心」了。比方說她會是爸爸的前世情人、媽媽的終身好友、比起兒子會更掛念著自己的家庭，更樂意、也更無私的爲家人付出，這些期待包含了大量的情感勞動，顯示出社會對於女人，有非常多應然的束縛。

對性別角色期待相當敏感的我，一開始就察覺到，這些對女兒的想像和要求，將會是她一輩子的包袱。

無論走到哪裡，都會有人用「妳是女人」來限制她的選擇，要求她要以別人的感受爲優先，要貼心，要顧全「大局」，要不求回報。

不爲什麼，就因爲她是女人。

這些以善良、包容、犧牲小我來界定的「女人的特質」，與其說眞的是女人的特質，不如說是社會加在女人身上的限制。這個社會要求女人做到這些，讓她在人生的每個關頭都自我設限，最後再用「好女人」這三個字，概括她作爲一個妻子、母親、女兒和媳婦，放下自己眞實的願望，爲他人奉獻和付出的過程。

我身爲母親也是女人，現在也還背負著這些包袱努力生活著，**我想爲女兒卸除這些不必要的重擔**，卻也知道即使我在家裡，盡可能塑造男女平等的氣氛，一旦出了家門，她自然會感受到身爲女性的壓力。

如何成爲女兒堅強的後盾，給她力量去對抗社會的種種不平等，現在的我還沒有完整的答案，但是我想，有一件事情是不會錯的——

如果我希望女兒能夠勇敢追求自由，不要因爲身爲女性而自我設限，我要先讓她看到，身爲母親的我，是如何面對這種種不自由的困境，我用什麼方式看待別人待我的不公平，還有，我如何避免用不公平的期待看待別人。

換言之，不是只有在不自由的處境下，如何努力讓自己過得自由而已，還有我對人際關係、親密關係的想法，這些想法幫助我維持從容的心境，也給予身邊的人更多自由。

如果我看起來總是很沮喪很悲觀，對於身爲女人的種種枷鎖，都用著「那我又能如何呢……」的無奈心情去面對，那我的女兒看著這樣的媽媽，也沒有辦法對自己身爲女孩來到這世上而感到喜悅，去相信自己有能量、有自由揮灑的空間，活出生命最美好的價值了。

雖然有了想要思考自由、也努力讓自己自由的念頭，但是看著懷裡的女兒，突然意識到「就是現在，已經不能再遲了」，我必須要在現在更努力的做好這件事情，爲了給女兒一個榜樣，也爲了自己接下來的人生。

身爲女人在人生最忙碌的階段，別人用好媽媽、好媳婦、好女兒、好太太的角色期待來看待妳，而妳自己，也不自覺的對自己有那麼多以他人爲優先的要求，讓自己的壓力如山大，一不小心就忘記了角色以外，應該還要有屬於自己的生活。

卽使如此，一定還是有「可以實現的自由」。

如果連我都能這樣自我提醒並且努力實踐，不用女人的角色來自我約束，而是活出眞實的自我，那麼與我不同世代的女兒，一定會過得比我更自由、更能擁有做自己的幸福吧！

01

放下自己內心的「別人」

放下自己內心的「別人」

人只要不是獨處，就一定是在某人的目光下，因此社會裡的每個成員就像監獄裡的囚犯，會隨時注意著自己的行為，知道一旦踰矩就會受到懲罰，所以會自我約束，也因此失去自由。

當我想到自由，第一件想到的事情是——放下期待。因爲期待就是束縛，不只別人對妳的期待是一種束縛，自己對自己的期待，有時也是一種不必要的限制。

學社會學的時候，傅柯有個理論讓我非常喜歡，這裡的喜歡並不是好感，而是覺得這個理論非常生動，活靈活現，好像在看電影劇本一樣，只是讀著文字敘述，就會覺得畫面浮現在腦海裡。

這個理論就是「全景敞視」（Panopticon），也有人翻譯成「圓形監獄」，對人文社會學科的學生來說這個概念並不陌生，它描述的是一個囚犯，被關在一個四面八方都是透明窗戶的牢房裡，而獄卒就站在監獄中心的瞭望塔中，隨時都可以對囚犯的行爲進行監視。

獄卒看得見囚犯的所有行動，連最微小的都不放過，而囚犯卻看不見獄卒，也不知道他究竟在觀察誰、現在人在不在那裡。

後續很多研究都運用了這個概念，像是對權力、隱私、還有自由的探討，更進一步把這個概念用於整個社會，可以說人只要不是獨處，就一定是在某人的目光下，因此社會裡的每個成員就像監獄裡的囚犯，會隨時注意著自己的行爲，知道一旦踰矩就會受到懲罰，所以會自我約束，也因此失去自由。

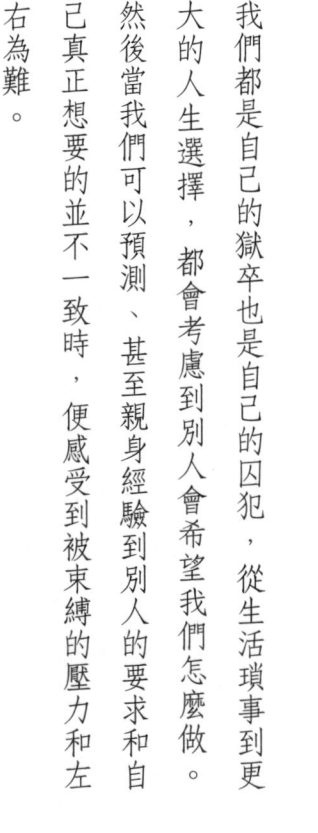

穿衣服要有「媽媽的樣子」？

我們都是自己的獄卒也是自己的囚犯，從生活瑣事到更大的人生選擇，都會考慮到別人會希望我們怎麼做。然後當我們可以預測、甚至親身經驗到別人的要求和自己真正想要的並不一致時，便感受到被束縛的壓力和左右為難。

人只有在獨處的時候才有自由吧，我時常這樣想，也難怪我這樣的熱愛獨處，可以不用在乎別人，只做自己想做的事。

但是就在我出社會也結婚生子，人生邁入另一個階段之後，我突然體會到，人就算是獨處，在面對選擇關頭時，也像是長久被鐵鍊綑綁，已經不懂得如何奔跑的野生動物一樣，習慣限制自己，不讓自己自由。

能夠做自己的事情時，想的很少是「自己眞正想做的事情」，而是爲了「自覺應該做的事情」而忙碌，這當中有些事情確實是責無旁貸，但是也有很大一部分，是自己給自己設下的限制和束縛。

一舉一動都無法全然放鬆，即使是自己可以選擇的時候，也總是先想像「其他人會怎麼想」、「換作是他們會怎麼做」，然後不自覺做出「大家都這麼說」、「好像應該這樣」，而不是自己單純想要的選擇。

舉個生活中具體的例子，我在生完第一胎之後，和家人一起去百貨公司，看上一件符合我個人喜好的洋裝，沒想到才拿起來往身上一比，家人就用懷疑的眼光看著我：「當媽媽了還穿這樣？」

我當時愣了一下，看了看鏡中的自己。

因爲還在餵母奶所以神情有點疲憊，身材是還穿得下，但終究沒有以前苗條了。

忍不住轉頭問我先生：「你覺得呢？穿這樣很奇怪嗎？」

他說：「妳喜歡就喜歡，跟那有什麼關係。」

雖然他這麼說，但是我看來看去，就是開始覺得很不自在，沒有辦法再那麼喜歡鏡中的自己了。

只因爲一句話我就把那件洋裝放了回去，那句無心之言似乎喚起了我內心深處的羞恥，好像我思慮不周，就算沒有帶小孩出門，穿著打扮，還是應該要考慮到自己已經是個媽媽了才對。

換做是現在，我會跟先生說一樣的話——喜歡就喜歡，跟那有什麼關係。

但是「都當……了還……」的句子彷彿魔咒，很能夠代表當一個人的身分轉變，別人看妳的目光、對妳的期待和要求都不同了。

比方說都當媽媽了，還只想出去玩；都當媽媽了，還穿這麼短；都當媽媽了，還這麼自私……類似的照樣造句寫也寫不完，說明這個社會對媽媽有很多的想像，認爲媽媽就是應該要放下自我，無論過去的她喜歡哪些事情，生完小孩她就不應該以自己爲優先。

我偶爾在選擇衣服的時候，還是會不由自主想著這是不是一件「適合媽媽」的衣服。不是因爲要顧小孩，款式必須簡單方便，而是因爲擔心別人會竊竊私語：「這人到底知不知道自己是媽媽了？」

這就是我內心的全景敞視，我給自己設下的圓形監獄，在沒有人看見，或者即使有人看見、有人評價，其實我也不需要那麼在乎的時候，我還是像一個獄卒那樣檢查著自己的選擇，想要符合這個社會給媽媽設下的標準，對媽媽在外表上的要求。

就算現在有一種相反的潮流，是鼓勵和讚美那些「一點都不像媽媽」的媽媽，比方說產後沒幾天身材就恢復的像青春少女、一點也沒胖或當媽了還有逆天長腿等等……，比起「媽媽就是應該要樸素一點、露少一點」的成見，這個潮流還更造成女人產後傷口都還沒恢復，就急於恢復身材的壓力。

兩者都一樣是一種社會期待，並不是給女人「自己覺得好就好」的自由，而是這個社會加諸在母親、在女人身上，覺得女人「當媽了就應該要怎樣怎樣」的限制和束縛。

覺得女人已婚有子就應該要穿著樸素，變胖也沒什麼大不了的，或者相反，覺得女人即使已婚有子也應該要重視自己的魅力，「這樣才算得上是個女人」。

這些看法只是表面上有所差異，其實內在完全相同，重要的不是女人自己覺得好看或舒服，而是別人「自覺有資格」可以品頭論足，爲女人貼上太愛漂亮，或者「自我放縱所以變成醜女人」的標籤。

我在選擇衣服時因此綁手綁腳，卽使沒有別人在我旁邊指指點點，還是會擔心「別人」會怎麼看待我，會不會覺得我很奇怪，可見得我們就連挑選衣服這樣的一件小事，也不給自己一個「自由人」的自由。

我們都是自己的獄卒也是自己的囚犯，從生活瑣事到更大的人生選擇，都會考慮到別人會希望我們怎麼做。然後當我們可以預測、甚至親身經驗到別人的要求和自己眞正想要的並不一致時，便感受到被束縛的壓力和左右爲難。

我在過了三十歲之後開始思考這些束縛究竟是否必要，在三十歲以前，還會享受別人因爲我配合標準，而給予我的讚美和獎勵。

但現在的我開始思考，當別人用非常狹隘的眼光看妳，覺得妳是女人、是母親，就應該要怎麼做、怎麼選擇的時候，一旦我眞的按照別人的聲音去做了，究竟能不能得到自己眞正想要的結果。

如果我不去遵守別人設下的標準會怎麼樣呢？究竟會有多嚴重的「懲罰」？

如果被別人批評不是個好女人、好母親或好妻子好媳婦，就是一種懲罰，這種懲罰所帶來的痛苦，會大於我勉強自己做自己不想做的事、放棄我的自由的痛苦嗎？

我想要做那個給自己最多自由的人，無論是生活瑣事，或者人生的重大選擇，因爲這樣的自由別人並不會給我。相反的，這個世間有太多的人，樂於對別人的生活指指點點，認定他們有批評女人、爲女人「打分數」的自由。

我必須就從我自己開始，把那些存在於內心的別人放下，告訴自己不要優先考慮別人會希望我怎麼做，而是自己想做什麼。

這是我可以，也應該要給我自己的自由。

就算想要拒絕，也怕別人不能接受

我想女人多少都有這樣的傾向，就是做決定時會擔心「別人會怎麼看我」，特別是那些與我們關係親近的人，我們會擔心自己的決定，對彼此的關係產生負面影響。

婚後和另一半朝夕相處，我才發現男人和女人在行事風格上如此不同，**男人總是先想「我想做什麼」，而女人總是先想「別人會希望我怎麼做。」**

就以家族聚會來說吧。我會爲了逢年過節、長輩生日等等的事情而煩惱，即使忙碌也不敢推拒家族聚會，平常已經沒有住在一起了，如果連聚會也不參加，「別人可能會覺得我太冷漠、太難以親近了……」

但是另一半總是先考慮自己當下的狀況，如果工作上連日忙碌，周末不想出門，他就會很乾脆的拒絕別人的邀約，我問「你有沒有跟他們說理由呢？」他還反問我「需要理由嗎？」

如果是我的話，拒絕別人時一定會作出解釋，最根本的原因還是擔心別人不能諒解，會覺得我是自私冷漠的人。但先生就是這樣理直氣壯，「需要在乎別人怎麼想嗎？如果他們會這樣想，就讓他們去想吧，我自己知道不是就好了。」

眞是令人羨慕的瀟灑啊！我從一開始的驚訝，到後來已經是崇拜了。

因爲那跟我從小受到的教育實在是天差地別，我做每一件事情，特別是要拒絕別人，無法配合別人時，身旁的人很少會坦然接受，總是會問「爲什麼？」讓我覺得每件事情都需要解釋，即使解釋了，也總是擔心對方不能諒解我的理由。

但是從另一半身上我看到的是不同的態度——我不想就是不想，不需要解釋，也不需要別人的認同。

雖然我不能代表全部的女人，但我想女人多少都有這樣的傾向，就是做決定時會擔心「別人會怎麼看我」，特別是那些與我們關係親近的人，我們會擔心自己的決定，對彼此的關係產生負面影響。

我們會用這些想像來自我設限，所以在別人還沒有開口前，就已經主動做出許多妥協，眞的不能妥協時我們惴惴不安，深怕別人不能接受。

這種考慮到別人的思考迴路，幾乎已經是全自動化了，所以很難在第一時間就加以破除。但是當我思考什麼是「自己可以實現的」自由時，首先想到的就是這個，要停止這些別人種下，而自己照單全收的「要配合別人」的魔咒。

不爲什麼，就是因爲我們是一個個人，有自己的情緒、喜好、想要的生活，別人不應該因爲自己的願望就蠻橫的想要介入，要求我們做出配合，一旦我們不願意，就得再三解釋，一定要取得諒解或認同。

那種諒解是提出要求的人自認爲有權給予或收回的，背後的暗示是「妳本來就應該配合我」，所以他們才會認爲自己有權知道妳的理由，並且有權決定「要不要諒解妳」。

一旦我們也認爲自己有解釋和取得同意的義務，就等於是接受了這樣不平等的暗示，認定了自己沒有「以自己的意願爲優先」，不需要向別人解釋的自由。

「怎麼有這麼不貼心的女兒？」

自己的判斷變成次要，更重要的是要獲得別人的肯定和好評，反覆聽著父母說「不然別人會覺得妳……」長大的女人，就會更常在心裡把自己分裂成兩個，用別人對她的「滿意度」來評價自己。

女人總是會擔心別人對自己的看法，這個源頭可能是父母設下的魔咒，說魔咒好像有些失禮，總之是一些既定的說話方式和內容，長久下來變成一種暗示，要女孩在每件事情上，都先考慮「別人會希望我怎麼做」。

比方說還小的時候，父母可能會說「不要這樣，否則『別人會覺得』妳沒禮貌」；再大一點或者成年以後，可能會說「妳不要那麼晚回家，否則『別人會以爲』妳很愛玩」；如果時常讓不同的異性朋友接送回家，就更可能會說「妳這樣被看到，『別人會覺得』妳的男女關係很複雜」……

就像這樣一邊對女孩的行爲設下限制和禁止，一邊說明理由，就是會影響女孩在別人眼中的形象、別人對她的看法。

父母對女孩的「形象」是比對男孩更加重視的，或者更正確的說，父母總是認爲男孩皮一點、粗魯一點、沒禮貌甚至是自私一點，無論在自己或他人眼中，其實都只是「男孩本色」，但是女孩如果在別人眼中不是乖巧有禮、和他人相處時不被認爲溫柔貼心，就被認爲那是必須修正和改善的，牽涉到女孩的「家教」，也就是父母的教養正確與否。

於是許許多多的「別人」，就透過那一再強調的「不要讓別人覺得妳……」的叮嚀，深植在女孩的心中，直到她長大成人還陰魂不散，讓她只要看到別人的臉色不悅，就懷疑自己是不是做得不夠、還是哪裡犯錯了。

形象的建立，並不只是做做表面功夫那樣輕鬆，父母對女孩的要求，是從形象到具體的行爲。

比方說女孩子是不是樂意幫助他人，特別是在別人還沒有開口時，就能主動察覺對方的需要；能不能爲別人負擔情緒勞動，像是在別人的情緒失控的時候，懂不懂得打圓場或做到善意的包容；女孩子不能夠輕易的「不原諒別人」，因爲不原諒，有著她個性不夠寬容的暗示……總之，女孩的這些行爲表現，都會被父母特別重視，而培養的方式不只是正面鼓勵，更多的是指責和批評。

比方說家裡有人做家事，女孩若是坐著不動，就會被唸「都不幫忙」，但是男孩則可能跟他們的父親一樣，被允許坐在那裡，享受其他家人提供的服務。

遇到重要節日或家人生日的時候，父母可能會期望收到孩子的禮物和卡片，但是男孩如果沒有做到，父母只會說「兒子就是這樣」，女孩如果疏忽，卻會被批評「怎麼有妳這麼不貼心的女兒」。

雖然現在男女平等的口號已經很普遍了，但是口號畢竟只是口號，當父母批評或指責他們的女兒時，就算再怎麼強調自己對兒女一視同仁，還是可以發現在父母對兒女的回應中，兒子被認爲可以被動的享受別人的付出、做事也可以被動的等待別人要求，女兒則被期待要做到主動，不用別人說，也要「知道自己該做什麼」。

她必須要「比較貼心」，才算得上是「合格的」女兒，被用這種性別角色差異化的方式教養長大的女孩，總是在擔心自己做的不夠多、不夠好，犯下不夠貼心的錯誤，而男孩則會完全相反，只要做到回應別人的要求，就能夠心安理得的接受他人的讚美。而即使不想要，所以不回應別人的期待，也能夠覺得自己「沒有虧欠別人什麼」。

• 自己的判斷和別人的要求

我在成爲母親後對性別化的教育特別感興趣，發現這些不限於女孩，但是對女孩更常使用的教養方式，這些訓誡，都會讓女孩比起自己的感受和判斷，還更加重視、在意別人的評價。

比方說「不要這樣，否則『別人會覺得』妳沒禮貌」。其實「自己沒禮貌」是一件事，別人覺得妳沒禮貌，又是另外一件事，每個人對禮貌都有不同的標準，但是父母對女孩的這種提醒，把別人的評價和個人的美德綁在一起，於是女孩自己覺得「我這樣很有禮貌啊」還遠遠不夠，只要別人不這麼覺得，就沒有辦法過得心安理得。

自己的判斷變成次要，更重要的是要獲得別人的肯定和好評，反覆聽著父母說「不然別人會覺得妳……」長大的女人，就會更常在心裡把自己分裂成兩個，用別人對她的「滿意度」來評價自己。

這個別人可能是婆婆、媽媽、先生、朋友、孩子、甚至是路人甲，在女人的心裡就像個圓形監獄裡進行監視的獄卒，不斷檢查「自己」這個囚犯，越是被誇讚懂事、合群、行事周到的女孩其實越擅長自我檢查，把別人的評價，看得比自己的判斷還要重。

相對而言，男人從小就被鼓勵做自己了。

因爲從社會到家庭，整體的氛圍都認爲自信無畏、勇於表現與他人不同、以自我爲中心是一種男子氣概，既然是「男人的特質」，很自然的，男人也比較敢去拒絕別人。

「沒什麼好怕的！」、「男孩子就是要勇敢！」這種教養方式雖然也會對性格纖細的男孩造成壓力，但是換個角度來看，也讓男孩的「不合群」變得值得鼓勵。他對事情有自己的想法，會被肯定是一種領導氣質，女孩對事情有自己的主張，不願意配合別人，卻會被批評是「太有主見」，是恰查某、不好相處。

就像所有童話故事裡對女主角性格的刻畫，**女人從小被要求要具備的美德是「善良」而不是勇敢**，善良意味著要替別人著想，而且是不斷換位思考，從別人的角度出發，不是自己認爲好就能夠滿足。

女人被期待要能以對方的角度，判斷自己的行爲是否符合對方的標準，如果不能考慮其他人的想法和感受就是自我中心，而以自己的意願爲優先，就是自私自利。

這種把自我視同自私的刻板印象，讓女人在可以做自己時也感到躊躇不前，就更不要說那些人們認爲她不應該做自己，而是應該要**做好別人對她的期待**的時候了。

灰姑娘的心態：等待別人發現她的善良

灰姑娘連自己在家裡的處境都不會去爭取公平，還認為那是一種美德。相信了這個故事的女孩，長大也會變成不敢拒絕別人、默默期待著自己的忍讓和善意，終有一天會感動別人而獲得好報的，現實中的灰姑娘吧。

以灰姑娘的故事爲例吧。被繼母和姊姊不公平的對待，全家人只有灰姑娘住在破舊的閣樓裡，要打掃房子還有洗全家人的衣服。

小時候我很喜歡這個故事，覺得灰姑娘穿上玻璃鞋之後終於揚眉吐氣，變成眞正的公主，但是長大後我卻覺得這個故事很恐怖，如果沒有人發現她是那雙玻璃鞋眞正的主人，她就要在閣樓裡關上一輩子，繼續做全家人的傭人了。

灰姑娘所住的房子，是全家人都在住的，三餐也是每個人都要吃，其他家人卻把全部的家務都推給灰姑娘，但她不只是做了，童話裡竟然還強調：「因爲她心地善良，所以一點都不去『計較』。」

追求公平都變成是「計較」了，不去追求公平的灰姑娘，還是對繼母和姊姊們很好，漂亮的衣服被撕破了也只知道哭，動畫裡令人印象深刻的片段是，她修補著破舊的衣服、面對做不完的家務，竟然還心情愉悅的哼著歌，身邊是因爲她的「心地善良」而主動靠近她、幫助她的可愛動物。

像這樣吃苦當吃補，默默承擔著沒人想做的事，任勞任怨的接受其他人對她的不公平待遇，最終一定會「好心有好報」，得到和王子在一起的幸福結局，這就是我們長久以來說給女孩聽的故事，也是我們自己從小聽到大的版本。也難怪女人很少立志要從事革命、爭取自由，而是深怕自己有一點點抗議就表示自己是個不善良、愛計較、因此也不會有好結果的女人了。

灰姑娘連自己在家裡的處境都不會去爭取公平，還認爲那是一種美德，相信了這個故事的女孩，長大也會變成不敢拒絕別人、默默期待著自己的忍讓和善意，終有一天會感動別人而獲得好報的，現實中的灰姑娘吧。

現實卻是和童話大不相同的。現實是善良不一定有好報，隱忍更不可能換來別人的感動和感激，**能夠獲得自己想要的結果的人，通常都是些勇於爭取、也勇於反抗不公平待遇的人**。

童話故事就是一種人生觀的暗示。和男孩聽著不同的童話，被以不同的方式教養長大的女人，相信貼心、善良、不求回報，會為自己的人生帶來更好的結果。於是她在面對選擇時總是默默付出，**不敢爭取自己最想要的**，而是等待別人的給予。怕別人覺得自己不貼心不善良，因此當別人提出要求，就會主動同意或是做出妥協。

如果一直等不到別人發現她很善良的那一天，也就是說沒有任何人因為她的妥協和成全，而給予她一直暗自期待的回報，她不是只能逼自己再「更善良一點」、更主動一點去為別人付出，就是因為無法忍受別人的漠視，而終究還是爆發怨懟了。

我們沒有人是現實中的灰姑娘，能夠被動的等待別人拯救，也沒有人生活得宛如童話故事，不需要爭取，就會有自己渴望的結果。

男人不能理解女人不敢做自己、害怕被視爲自私的心理壓力和擔憂，就是因爲他們在童話中的角色不是探險家就是王子，向來都是勇氣和自信，還有主動追求的意志，在爲他們帶來想要的結果。

我們也應該調整自己內心的童話，修改那些故事留在我們心中，對於人生不切實際的想像，不要再讓灰姑娘的角色在不知不覺中形塑了我們的自我要求，打破善良是幸福之鑰的幻覺，告訴自己只有勇敢和無畏，才能實現自己眞心想要的幸福。

成爲母親，讓我開始學習相信自己

我發現自己身為母親，如果還想要每件事情都以別人的感受為優先，就會和我做母親的自我期待有所衝突。

我到了三十歲成爲母親後，才開始學習放下別人給的壓力和束縛。一方面是看著先生坦然做自己的態度，發現做自己並不像我害怕的那樣，會受到被排斥的懲罰。職場生活當然另當別論，但是先生在私領域的人際關係都是合則聚、不合則散，久了人家也知道「他就是這樣」，能夠自然的接受。

相反的我做事總是綁手綁腳，擔心別人會生氣而處處顧慮，總是想要讓所有人都滿意，結果卻反而是連自己最親近的家人，有時都會對我無法諒解，覺得我是不貼心、不善體人意的女兒。

爲了追求和諧而不做自己，想東想西的希望能讓每個人都喜歡我的決定，反而造成了相反的效果，讓彼此都大失所望。

這是我的切身之痛，因爲這樣的感受，我開始學習重視自己的想法，既然顧全大局反而左支右絀，別人也未必能體會我的心意，那麼我不想要再弄巧成拙，傷害彼此的關係。

而另一個讓我覺得不做些改變不行的原因，就是成爲母親了。

我發現自己身爲母親，如果還想要每件事情都以別人的感受爲優先，就會和我做母親的自我期待有所衝突。

母親必須優先考量孩子的教養和安全，這讓我不得不鼓起勇氣拒絕別人，如果我還像過去一樣害怕拒絕，凡事都希望能讓別人覺得我很合群、很善良、很貼心，在群體中不去破壞氣氛，那麼有時我就會被迫做一個不夠盡責、沒有把孩子的福祉視爲優先的母親了。

比方說家族聚會的時候，有人用我認爲不對的方式對待孩子，像是餵還沒有牙齒的孩子吃零食、騎乘機車站在前踏板上等等，如果是以前發生這種我不認同的事情，我會睜隻眼閉隻眼，以免別人覺得我破壞氣氛或「不尊重長輩」。

但是現在的我沒辦法以「做個討人喜歡的人」爲目標，爲了孩子的健康和安全，只要是我認爲不對的事情，就一定會用言語或行動制止。

這當然也會讓相處的氣氛變得不好，長輩會批評我小題大作、緊張兮兮，但我不能因爲這樣的壓力妥協，因爲孩子是我的責任，我必須保護自己的孩子。

因爲這樣，我開始學習重視自己的想法和判斷，畢竟孩子的主要負責人是我，不是其他家人或祖父母，所以我不能一味順從別人的要求。

我必須放下「不吵才有糖吃」的好女人、好孩子的心態，如果凡事都不跟別人起衝突，不惹別人生氣才叫做好，那麼爲了盡到我認爲母親應盡的責任，我是沒有辦法、也沒有意願再去做這種「好女人」的。

我必須要能自由的成爲**我想成爲**的那種母親，因爲身爲母親，是我的責任。只要是自己負責的事情，就應該要有「自己做出選擇」的自由。

即使沒辦法每一次都做得很好，偶爾也會因爲被別人討厭、被批評、甚至是被指責不尊重長輩、沒大沒小、這就是不孝等等而感到傷心難過，還是要不斷練習，去捍衛自己的想法，還有實踐自己的自由。

具體的方式就是在**每次做選擇時，只要想到別人，甚至是正面遭受到別人對妳不滿意的壓力，就提醒自己：「這件事本質上跟別人無關，是我自己要負責的事情。」**因爲責任自負，所以只要考慮自己想怎麼做就可以了。

而且不只是身爲母親的各種事情，還包括人生的各個層面，我們其實都應該要知道，自己究竟想要怎麼做，才是最重要的。

出社會以後我們就是成人，可以選擇自己喜歡的打扮、聽喜歡的音樂、做喜歡的工作、過喜歡的生活，同樣的道理，也可以拒絕我們不喜歡、不認同的事情，不管別人是不是同樣認同。

當我們按照自己的價值觀和責任感做了選擇之後，面對別人那種對妳不以爲然的壓力，也要有勇氣去克服。

該衝突的時候就要衝突，必須放下「女人就是要好相處」這類不公平的成見，因爲這種成見就是束縛，有時會讓我們無法承擔人生最重要的責任，就是對自己，還有對自己重要的對象負責。

我們應該要學習身邊的男人那樣，追求的是忠於自我，因爲忠於自我所以能夠問心無愧，儘管有些時候，他們也確實是太過我行我素。

但是**被別人認爲自我**，**就是自由的代價**，爲了在自己有限的人生中過得自由，也爲了對重要的人事物盡到責任，就要放下別人會怎麼看、怎麼想，把重點放在「爲自己負責」的自由。

有責任，就有選擇的權利，就有自由

不管男人女人，每個人的人生都是各負其責，女人特別常被要求要配合別人，要聽從別人的指示和安排，但這些強調「要聽我的話」的別人，卻不會在發生事情時，跳出來承擔他們當初插手干預的責任。

每件事情都考慮別人的女人，可能很難分辨哪些是自己可以做決定的事情，哪些則需要考慮別人的立場。因爲總是認爲正確的思考方式就是處處爲別人著想，所以突然要女人只考慮自己，就會不知道該怎麼做。

感到沒有把握，懷疑自己這樣是不是自私而感到困惑時，有一個步驟可以多加練習，就是思考——這件事情是誰的責任。

因爲**責任和自由是一體兩面**，這件事情如果是自己負責的範圍，那麼不管別人怎麼說，自己就應該要有選擇的權利，換言之，就有選擇的自由。

生活中有許多不會爲我們負責的人，那些人其實都是別人，即使關係親密，只要考慮到事情的權責劃分，就會知道他們管得太多，他們不斷對女人提出意見，不斷說女人就應該這樣、母親就應該這樣，女兒、媳婦、太太……就應該這樣，用這種方式對我們耳提面命，有時也夾帶著「不然就會……」的情緒勒索。

其實很多時候都是以他們的角度出發的，是他們認爲妳應該要做什麼還有怎麼做，但是當妳眞的做了他們要求的事情，其實他們也不會對此負責，不爲什麼，因爲這件事情原本就是妳個人的責任。

我有個朋友曾經跟公婆溝通，希望公婆在開車時讓孩子坐安全座椅，公婆憤怒的說：「我是孩子的祖父母，難道我會害孩子嗎？」無論如何聽不進她「請遵守交通規則」的要求。

嬰幼童搭車時要坐安全座椅，或者是騎乘機車請勿站立在前踏板上，都是現行的交通規則，她說後來跟公婆不歡而散，因爲她說：「難道孩子出了什麼交通意外變成植物人，祖父母會代替父母照顧他一輩子嗎？」

同爲母親我讚賞她的勇氣和堅持，也敬佩她面對著長輩的壓力，仍舊捍衛了自己身爲母親的自由，而且她也點出了這件事情的重點，重點不是在誰對誰錯、又有誰小題大作了。重點在於權責區分，是誰在爲這件事情的風險負責，誰就有做選擇的自由。

女人必須時時考慮到別人的心情才叫做善良貼心，不到最後關頭，都要表現出溫柔體貼的樣子……這種種宣傳透過了廣告、電影、媒體輿論等等，不斷對觀眾洗腦和暗示，於是妳會看到廣告上有優雅做菜的女人、面帶笑容爲家人洗衣煮飯的女人，以及逢年過節時回到婆家，好像原本就是這個家的人一樣，毫無違和感的融入這一家子和樂融融的女人。

看多了就會發現女人被呈現的方式大多跳不出這個範圍，而自信勇敢的開著越野車、獨自一個人攀登世界高峰、功成名就後享受著名酒和鑑賞名表的總是男人，這些影像傳達出的訊息，就是女人該如何、男人又該如何。

但其實不管男人女人，每個人的人生都是各負其責，女人特別常被要求要配合別人，要聽從別人的指示和安排，有自己的意見而不願意聽從的，就算不上是一個好女兒、好妻子、好媳婦，但這些強調「要聽我的話」的別人，卻不會在發生事情時，跳出來承擔他們當初插手干預的責任。

所以捍衛自己的自由，並不是一種不負責任的生活方式，而是讓其他人清楚知道妳的界線劃分，哪些事情是妳的責任，他們就應該要閉嘴，尊重、認可妳有自己做決定的自由。

02

可以實現的自由

眞正的善良，不會養大別人自私的胃口

個人的感受和需求，都應該是個人要自己負責的事情。可以期待別人幫忙，但這種幫助必須是有來有往，別人並沒有無條件幫忙的義務。

對女人來說，只考慮自己之所以困難，不僅僅是因爲自己的選擇要自己負責，還因爲**與他人之間的關係，也被女人當成了「自己的責任」**。

就算理智上知道不可能與所有人關係良好，還是會希望擁有良好的人際關係，越是親近的、屬於私領域的關係，就越是在乎對方的觀感，這時就會想要獲得更多的好感和認同。

「既然我是對方的妻子／母親／女兒／媳婦，就應該顧及對方的想法，不能只顧

自己吧？」

很多女人有這樣的困惑，覺得自己既然是對方的誰誰誰，就「有責任」要顧及對方的感受，但是**顧及對方的感受，不應該無限上綱爲無條件滿足別人的要求**，眞正善良的人懂得適可而止，不會養大別人自私的胃口。

我們不能忘記跟女人有關的各種角色義務，原本都是建立在性別不平等的社會結構上的。因此當其他人說「這是妳做妻子／母親／女兒／媳婦的責任和義務」時，其實內在就是一種不平等的關係，預設了女人要付出更多，並且不應該期待回報。而引用這項原則對於既得利益者來說太過方便，所以他們時常會把這樣的句子掛在嘴邊，讓女人懷疑想照自己心意去做就是不負責任、也不盡義務的人。

然而在眞正的、平等的人際關係中，不應該有任何一個角色的責任是「無條件滿足所有人的需求」。

個人的感受和需求，都應該是個人要自己負責的事情。可以期待別人幫忙，但這種幫助必須是有來有往，別人並沒有無條件幫忙的義務。

人必須先對自己負責，才能夠眞正維持好一段關係，所以我們要小心那些「妳是……就應該……」的說法，因爲這常常只是其中一方假責任之名，行控制之實。

像是維持關係的和諧、相互尊重，這些事情本來就是由雙方共同負責，沒有一段人際關係，是女人單方面的承擔義務，而另一方卻沒有任何付出的責任，只需要被動的享受女人的順從。

●最重要的，是妳與自己的關係

女人太渴望擁有良好的人際關係了。好像被人討厭或批評就無法忍受，又好像被討厭或者關係中產生衝突緊張，就表示自己是個不夠好的女人。

所以像是聰明的女人會撒嬌、跟銀座媽媽桑學說話術……坊間教導女人怎麼樣能夠更有智慧的溝通、更有效的操控人心的書籍比比皆是，就是因爲女人特別害怕在與人相處時產生衝突，所以希望學習聰明又圓融的溝通方式，和其他人維持關係的和諧。

但是卻會因此忽略眞實的自我，就像站在窗邊研究著窗外的風景，卻忽略了眞正能讓自己感到安適自在的並不是外在，而是自己身在其中的這棟房子。

我們要先了解自己內心眞實的願望和需求，那就是我們的眞實自我，比起巧妙的說話和操作人心，懂得和自己對話的人，才能眞正的與他人溝通。

就像作詞人林夕曾經在訪問裡說：「一個人無法獨處，怎麼相處？無法自愛，怎麼愛人？」

在人際關係中，對於「是不是應該以他人的感受爲優先」感到困惑的時候，可以多想想這點。

一個人最重要的人際關係，應該是以他和自己相處時是否感到自在，是否眞心的接納自己、了解自己爲基礎的。

一個不了解自己的人會盲目的順從別人，看似以人際關係的和諧爲優先，實際上會因爲別人的反應不如預期，而陷入內心的衝突。和別人的關係也會因爲充滿期待，想像著自己是無私無我的爲了別人，別人就應該要……的加以回應，反而讓關係變得緊張，失去了原本追求的和諧。

而了解自己的人不會去做自己無法負擔的事情，會考慮到自己的能力、適合與否，更重要的是會先確認自己的意願，不會爲了追求好女人的名聲，而勉強自己去做自己不太有意願做的事情。

乍看之下以自己的意願爲優先是自私，實際上，只有**能夠重視自己的意願和心情的人，才能做到也尊重別人的意願和心情**。否則就會變成在事情的當下看似無怨無悔的去做，事後卻不斷向別人追討人情。

因爲在一開始就覺得自己是被別人要求、爲了別人才不得不去做，所以當自己有需求時，也會很自然的認爲是對方「應該要回報」的時候了。

這時如果對方沒有同樣的想法，就會爲了那翻不完的舊帳而痛苦。

好女兒、好太太、好媳婦、好母親……
這些綁住女人一生的「好評」

把其他人的認同與否都放下，區分哪些是別人的期望，哪些是自己真心想做的事情，並且清楚知道，想要做自己，就不可能討好所有人的這項事實。

曾經有個女明星在結婚後，被大讚「眞是個好媳婦」，原因是她卽使工作再忙，拍戲到凌晨兩三點才回家，早上七點半還是會起床爲公婆準備早餐，「也難怪公婆對她讚不絕口，身旁的人直呼公婆有福」，這是媒體對這件事情的結論。

但是我卻忍不住要想，說著「因爲她這麼好，**被公婆當女兒在疼**」的記者，眞的有認眞想過這其間的矛盾嗎？

如果媳婦眞被當成一家人、被視為自己的女兒在心疼、在照顧，那麼既然知道她工作到凌晨才返家，就應該捨不得讓她早起，拖著疲憊的身體為公婆準備早餐吧。兒子結婚以前，他們應該也是早餐自理，但就在兒子婚後突然變得有所期待，希望媳婦替他們準備，「這樣才叫做好媳婦」，也表示自己有福氣，得到一個「好媳婦」了。

這段所謂的佳話卻讓我看得心酸，如果連事業有成的女明星都必須這麼做，無論是她自己覺得應該，或者是被他人的期待或要求，都讓我覺得**女人的「好」，無疑是建立在犧牲和付出上的**，周遭人不只不會體諒她的辛苦，還鼓勵她繼續維持。

比起男人無論背負了什麼樣的角色，都被允許保有更多自己的個性，用「自己覺得好」的方式去扮演，女人則更常被要求扮演這些角色「理想中的樣子」，就像那些電視廣告、電視劇、媒體輿論裡常出現的好女人、好太太、好媽媽、好媳婦和好女兒，這些好評讓女人忙得疲於奔命，最後忘記了自己是誰，也忘記了活出自己，是人生最眞實的幸福。

要同時扮演這些角色，同時又要實現屬於自己的自由，毫無疑問的更考驗女人的智慧。

這種智慧不是追求每件事情都做得很好，也不是強調在人際關係上，可以和任何人相處圓融，就像某些強調溝通技巧的書，會教妳怎麼掌握對方的心，說服對方認同妳的選擇。

那種只要掌握技巧，人際關係上就能無往不利的宣稱，其實並不是眞正的人生智慧，也不是可以達到的目標。

智慧是把其他人的認同與否都放下，區分哪些是別人的期望，而哪些是自己眞心想做的事情，並且清楚知道，**想要做自己，就不可能討好所有人**的這項事實。

我們不可能在每個角色上、每個時刻、每一件事、面對每一個人，都能夠獲得好評。卽使妳放下了全部的自己，什麼也不做，就只做這些別人希望妳做、認為妳應該去做的事情也一樣。

沒有自我的付出並不會討好到任何人，最後只會落得失去自己，也不被他人尊重的下場。

讓我們在林夕那句話再加上一句：「不能自愛，何以被愛，何以愛人。」

對「好女人」這種評價的追求，並不全是出於女人的虛榮，而是因爲想要得到別人的愛，把自己的存在價值全建立在「愛與被愛」這件事情上的女人，一旦混淆了自己和關係的優先順序，就會以爲所謂的愛，就是讓對方滿足，讓對方可以感到幸福快樂。

但是卻忽略了這樣的付出如果要對關係有益，**必須先讓自己感到幸福**。許多人追求別人的標準、努力獲得對方的好評，就是希望自己努力去實現對方心中的理想，對方就會以同等的愛情作爲回報。

但現實中的人際關係卻不是這樣運作，童話裡事事不計較、吃苦當吃補的灰姑娘獲得了所有人的善意和幸福結局，現實中一切以別人的要求爲優先，對事情沒有自己的判斷標準的人，卻不會被當成值得喜歡的對象，反而會被當成家具或空氣，雖然生活中不可或缺，但是沒有爲自己發聲的地位和價值。

●不被當作「個人」來看待的女人

被認爲是「女人的角色」的，常常都是關係中另一方的附屬。比方說所謂的好媳婦，就是要孝順公婆、以夫家爲重、以丈夫爲天，或者是所謂的好太太，就是入得廚房、出得廳堂。

這些角色被認爲理想的、應有的樣貌，常常都是另一方比方說公婆、丈夫的輔助，但是又不像是職場員工那樣，即使是輔助他人的角色，也會獲得一定的薪水和報酬。

在家裡扮演好這些「女人的角色」都會被認爲是應該的，所以也不會有額外的肯定或回報。

女人還在期待當個好女人就會被愛和被尊重呢，現實中能夠受喜愛和尊重的，卻往往是那些一開始就選擇捍衛自我的人。

日本女作家曾野綾子，就曾經提到當妻子過了中年，時常會被丈夫認爲是家裡的家具。**外遇的男人並不是想要離開妻子，而是——人怎麼會跟家具談感情呢？**

和自己共同生活的妻子就像家具一樣不可或缺，但是也跟家具一樣是**理所當然的存在**，家具只有在突然壞了或消失時讓人感到不便，但不會被人當作另一個個人那樣尊重並且珍惜。

所以捍衛自己的自由並不是自私，某方面來說，也是在提醒對方「我是人，我有自己的想法和意志」，那種認定其中一方只有配合的責任的，並不是眞正的「人際關係」，而是人與工具、人與物的關係了。

爲了不被當作關係中只能被動接受使喚的物品，女人要珍惜自己的自由，不要被「好女人」的形象所蒙騙，要知道扮演對方心中的「好〇〇」並不是妳的責任，人際關係也不會因爲妳單方面的配合，就換來妳期待的結果。

作爲一個人，妳的責任是無愧於自己，而作爲關係中的某個角色，妳的責任是與對方平等而相互尊重的互動。

妳能夠把握的是自己眞心誠意與對方相處，問心無愧的盡到妳認爲應盡的責任，至於對方是不是也認爲妳做得夠好、滿不滿意妳的選擇，那就不是妳應該負責的事情了。

害怕做自己，就只能被他人勒索

妳捍衛自由的每一步其實都環環相扣，第一步妳選擇了放棄，下一步要重新爭取就會更加困難。

許多女人深陷他人的情緒勒索，在面對父母、手足、公婆或伴侶時，只要對方語帶威脅的表示會切斷彼此的關係、批評想要做自己的女人「實在很自私」、暗示她「不配擁有幸福」等等，就會讓女人緊張，懷疑自己是真的自私、沒有資格獲得幸福。

因爲被教導人不可以只想到自己，心裡要隨時顧慮別人，所以害怕做自己是她們共同的毛病，即使是可以自己做選擇的事情，也會害怕去做忠於自我、但不知道別人會怎麼想的選擇。

所以習慣去做別人希望或暗示她們去做的事，換言之，她們害怕自己做決定，就要自己負責的那種「自由」。

只要感覺到自己內心的想法和對方的要求不同，就會害怕眞實的自己是個自私的人，所以無意識的壓抑自己眞正的願望，說著「我也想……但是……所以沒辦法」，放棄了做自己想做的事情的權利，只求和對方維持關係的和諧。

如果放棄自由就能夠換來眞正的和平也就罷了，但現實往往相反，**那些樂於控制、勒索別人的人，內在有著無法饜足的空洞**，所以只要妳接受了他們的勒索一次，他們就會認爲被勒索、在關係中無條件配合，本來就是妳的責任。

一次還不夠，兩次、三次……妳讓出所有也會被視爲理所當然，而只要有一次妳壓抑不了內心的抗拒，他們攻擊和打壓妳的力道就會更猛。

就像有些人無法拒絕陪公婆一起去宮廟，即使自己的信仰不同，也說服了自己「這只是小事」，陪著一同拜拜燒香，付出自己珍貴的休假時間不說，這種勉強自己所換來的和平永遠只是暫時。

在有了小孩之後，被迷信的公婆要求給小孩喝符水，忍不住反抗卻引起對方更多的憤怒，因爲妳過去從不表達對這類信仰的排斥，有一天妳突然表達了，對方只會有更強烈的被欺騙和被背叛的感受。

他們不會認爲妳過去的配合是爲了他們，而會覺得妳本來就贊同的事情爲什麼突然叛逆，妳**捍衛自由的每一步其實都環環相扣**，第一步選擇了放棄，下一步要重新爭取就會更加困難。

而如果妳一開始就選擇忠於自己，表達妳不願意參與不同信仰的意願，即使在一開始引起憤怒和衝突，只要妳堅持到底，對方也會因爲妳的態度堅定，而放棄改變或說服。

壓迫時常是我們在一開始不夠堅決，因爲害怕衝突而敷衍應對的結果，對方會因爲我們的態度不明確，表現得像是可以被說服或操控，而施予更大的壓力。

對於某些人來說，尊重並不是自然產生的。雖然我們會期待人與人之間互相尊重，但就是有某些人，妳在應對的時候，唯有態度堅定、不委屈自己去配合，他們才會後知後覺的意識到，他們必須尊重妳。也才會產生把妳當成另一個人，而不是棋子可以隨意擺弄的認知。

所以妳必須先誠實面對自己的心情和想法，不想做的事情不要自欺欺人的說沒關係，也不要忽略內心的反感或排斥，就因爲在一開始妳害怕衝突，又渴望成爲對方心中理想的那個人。

人生中最重要的關係，終究是對自己的理解和認可，人和自我的關係是所有其他人際關係的眞實基礎，如果我們沒有照顧好自己、爲自己負責，我們也不可能照顧好任何人、爲任何一段關係負起責任。

太多人視女人爲他人的附屬了，認爲好女人就是任勞任怨、沒有自己的意見而且不會和別人吵架，所以**我們要放下別人總是把我們視爲女人而不是人、並且認爲女人的美德就是善良和配合的成見**，才能夠在別人用這種方式看待我們時，有所警覺並且正確的做出回應。

我們必須要找回最初以一個新生嬰兒的角色來到這世間，沒有任何語言、文化的分類和束縛，成長唯一的目標就只是要「成爲自己」的那份自由。

而只關乎於妳想要做什麼事、喜歡做什麼事、願意接受哪些挑戰，無關乎別人希望妳成爲什麼樣的人，因爲那些希望和期待，通常都只是爲了滿足他們自己。

不是扮演理想的角色，就能換來理想的人際關係

和對方意見不同時，很自然就會想到，自己退一步配合，好像是一種「顧全大局」的智慧或成熟。

俗話說「一個巴掌拍不響」，維護一段關係，需要雙方共同的努力。不會因爲一方單方面的讓步，就會有美好的結果，然而身爲女人我們卻會因爲對方做了這樣的要求，「妳就配合一下啊！」而誤以爲只要這麼做，就可以消弭與對方的衝突。

讓步看起來比堅持自我還要容易，被教導就是要合群、善良的女人，當然也更不擅長、不喜歡與別人吵架，於是和對方意見不同時，很自然就會想到，自己退一步配合，好像是一種「顧全大局」的智慧或成熟。

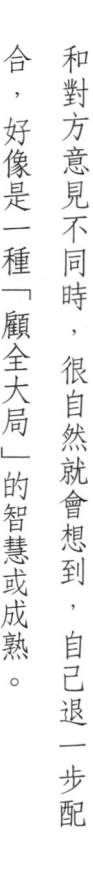

比方說聽到對方要求：「媳婦過年就是要待在夫家，不可以初一就回娘家，就算初二回娘家，也是中午吃完飯就要馬上回來。」於是有些人明明和娘家住在不同縣市，初二一早塞大半天的車回去，又趕著下午就要回到夫家因為「怕別人說話」，結果辛苦的趕來趕去，別人也只視為理所當然。

尤有甚者，還有些家庭會要求媳婦初二也留在家裡，幫忙婆婆準備小姑回來要吃的午餐，於是別人家母女可以團圓，自己卻還是在當夫家的媳婦。

想當好媳婦的女人在面對夫家的要求時，通常都會很害怕拒絕，也誤以為只要這麼做，就能換得「好媳婦」的認同。

畢竟事情都按照對方說的做了不是嗎？放下自己回娘家團聚的自由，或者讓自己來回奔波，不管怎麼樣自己的辛苦付出對方都看在眼裡，應該就會高興，認為我是個「好媳婦」、「好太太」了吧。

不假思索的背負起「理想的○○就應該如何」的角色期待的女人，誤以為只要扮演理想的角色，就能換來理想的人際關係，於是捨棄了自己真正想做什麼的自由，就為了和關係裡的每一個人都相處和諧。

沒想到對方只覺得這是理所當然的，看到妳在廚房忙進忙出，爲大家煮飯洗碗切水果，對方剛好翹著二郎腿在客廳當大爺，也沒什麼特別的讚美或肯定。**妳的付出對他們來說，恰好證明了媳婦就是應該這樣、女人就是應該這樣。**妳毫無反抗的接受不會讓別人更喜歡妳，只會造成自己心中更深的怨氣。

爲了讓對方滿意而做的事情，對方連個嘉許的態度都沒有，可能還挑剔妳飯煮的不好吃、動作不夠俐落……難道這不是得寸進尺嗎？

但妳的抗議只會被視爲莫名其妙，「不是妳自己答應的嗎？有人逼妳嗎？」妳以爲自己主動付出，對方就會主動給予善意回報，但實際上妳的主動只是給了對方什麼都不做的藉口，「是妳自己願意的」，何來回報之說？

之所以會有這樣的落差，是因爲雙方對這件事情的認知不同，當對方提出要求時，不管是直接明確的要求，還是迂迴的暗示，女人都會以爲這是一種交換關係的邀請，以爲自己讓出自由，可以交換到對方的好感、善意、認同或表揚。

又或者以爲這是一次公平的交易，「這次我配合對方，下次我有需要的時候，對方會配合我吧？」

但其實對方完全沒有這樣的想法。他提出要求的時候，只是在確認妳和他之間對於媳婦該怎麼過年這件事情是否有共識，而妳沒有任何反抗的配合，就表示「妳也認爲」那就是妳應該做的，所以既然雙方都認爲這是女人婚後的責任和義務，要以夫家過年的習慣和公婆的要求爲優先，那麼妳不做只會被懲罰，做了當然也不會有獎賞。

既然如此，妳拿自己的自由去交換了什麼呢？除了讓對方誤解妳、以爲妳和他們的想法一致，認可媳婦就是沒有回娘家過年的選擇以外，其他什麼都沒有得到。

一件事情如果不是自己眞心想要去做，而是爲了「對方的想法」而不得不然，就會在意對方有沒有回報，讓自己陷入被動等待對方的鼓勵、或者一絲好評的處境。這種心情是很卑微的，只期待對方看見自己的付出，看見自己違背本意的去做希望對方會滿意的事情，但是妳既然壓抑了自己，對方當然不知道妳眞實的想法，也不會知道妳心裡其實覺得不滿或委屈，更不可能會因爲妳犧牲自己，就給妳獎勵般的尊重。

眞正的尊重，不是一種上對下的禮物，而是屬於人與人之間平等互惠的關係。

所以妳必須要勇敢的捍衛自我，誠實表達妳的看法和爲難，對方才會承認，妳的意見和感受，和其他人有相同的份量。

這樣一來，在討論某些事情而需要有人妥協的時候，才會眞正進入一段交換關係，妳提出自己有不同看法，但是在某些情況下妳願意讓步，對方才會知道妳在讓步，而給予妳妳所期待的回報。

互相妥協、各讓一步就是一種回報，這一次以對方爲主，下一次以妳爲主，也是一種回報，總之只有妳先珍惜了自己的自由，對方才會承認妳是一個自由人。

不要輕易放棄自己的選擇權，才能跟對方建立平等的關係，也只有在平等的關係中，妳爲了關係所做的努力和付出，才會進到對方心裡，有正面的意義和價值。

自由，就是用自己認爲正確的方式盡責

每個人都應該為自己的情緒負責，對別人有期待是很正常的，所以他們會期待妳，但是妳沒有義務要無條件的滿足對方的期待。

很多女人誤以爲追求自由就是自私，害怕被視爲自私的女人，所以不敢爭取自己想做的事。其實這是把自由簡化成「只做自己想做的事情」，而忽略了所謂的自由，也包括了「對自己的選擇負責」。

不管是成爲母親或妻子媳婦，這些角色都是有責任的，家人之間有責任彼此照顧，做父母的有責任關心和教養孩子，**自由不是不必盡責而只做自己想做、覺得愉快或輕鬆的事**，而是「能夠用自己認爲正確的方式」盡自己的責任。

比方說陪伴公婆，雖然他們不是自己的親生父母，但是想到他們和另一半的關係，也會有種畢竟是一家人的心情，也會希望對方不要生活得太寂寞，如果兩個家庭分開住，那麼周末假日，也會覺得應該回去探望或陪伴。這是自己也認爲有責任的事情，而未必是自己最喜歡、周末假日最想要從事的活動。但是盡到自己的責任會讓人有踏實感，也是對關係應有的付出。

只是當妳盡到自己的責任之後，對方如果有更進一步要求，對妳有超乎妳能力和意願的期待，妳就不用照單全收了。

比方說妳覺得一個月見面一次已經足夠，而對方要求每週一次、三天一次，甚至每天都希望兒子媳婦回家吃飯，妳還是要忠於本心的做出選擇。

「我已經盡到應盡的責任，而讓對方滿意，並不是我的責任。」

妳要這樣淸楚明瞭的告訴妳自己，如果對方對於妳的拒絕表達出生氣或失望，妳也不要因爲害怕而退縮，要知道妳已經盡到自己對這段關係負責的方式，而滿足對方的更多需求，好達到對方心中「理想媳婦」的標準，並不是妳的責任。

每個人都應該爲自己的情緒負責，對別人有期待是很正常的，所以他們會期待妳，但是妳沒有義務要無條件的滿足對方的期待。

妳所認爲的自我責任跟對方的期待剛好相符，沒有一方覺得太多而另一方覺得不夠，那是一種最難得也最完美的巧合，但是世界上大多數的事情，都是一方覺得不足，另一方又覺得太多。

妳要讓自己習慣和接受這種落差是必然，就是**妳不會達到對方的理想，同樣的，對方也不會是妳心中理想的樣貌**。妳要追求的，只有妳善盡「自己認爲應然」的責任之後，那種踏實和問心無愧的感受。其他像對方是否滿意或認同，他心情很好還是很失望，那就是他自己要負責的事情了。

• 每件事情都應該自己決定、自己負責

只要進入一段關係，即使別人不說，自己也會感覺到責任帶來的壓力，自由並不是沒有責任義務也沒有壓力的狀態，而是**妳有爲自己做決定的權利，也有爲自己負**

責的義務。

人際關係的壓力往往不是來自於這些責任和義務本身，而是來自於我們讓別人跨越了界線，讓別人爲我們決定該做什麼，因此違背了我們眞正的想法，讓自己覺得受到壓迫和束縛。

各種選擇都一樣，只要那不是自己想做的事，我們就沒辦法心甘情願的對其負責，承擔可能的風險和壓力。而代替我們做出決定的人，既不會爲我們負擔責任，也不會因爲我們讓出決策權，就感動於我們自認爲的犧牲。

希望對方因此肯定我們，也是一種責任轉嫁，把自己該負的責任轉嫁到對方身上，讓對方背負我們的期待，結果注定會令人失望，讓人悔恨自己究竟爲什麼要讓出選擇的自由。

許多人在說起自己的母親時，都會提到母親雖然對家人和孩子很好，中年以後卻總是抱怨自己當初「爲了家庭、爲了孩子」，如何的辛苦付出、放棄了多少大好機會……讓孩子只要和母親在一起就必須承受怨懟，產生自己好像不應該出生的內疚，以爲自己剝奪了母親的幸福。

這就是一種無法爲自己負責，傷害到關係兩造的態度。

因爲爲孩子付出是身爲母親的責任，並不是被孩子逼迫或要求，孩子怎麼能選擇要出生在哪個家庭、又在什麼時間點出生呢？但是無法爲自己的選擇負責的人，就會表現得好像受到孩子的逼迫，不斷要求孩子的回報卻又無法獲得滿足。

沒有人能夠彌補他人的人生。像這樣不斷哀嘆自己的人生「付出的很不值得」的母親，就算對孩子有愛，也會因爲縱容了自己不負責任的態度，傷害了親子之間的感情。

眞正懂得爲自己負責的父母，知道生下孩子並不是因爲被任何人逼迫，而是自己當初的選擇，既然做了選擇，就要對此負責。

不管婚或不婚，做決定時都要謹慎

因為另一半的個性、家庭、價值觀的不同，想要在他身邊做自己的困難程度也大不相同，如果有一個選擇是牽一髮而動全身，那一定就是對人生伴侶的選擇了。

人生中有很多事情，一旦選擇了不能輕易回頭，只能努力去在這個選擇的範圍之中做改善或修正，結婚生子就是其中之一。

就算人生充滿變數，離婚似乎也多到稀鬆平常，讓這個選擇變得很容易取消或重來，但是沒有人是想著「有一天要離婚」而去結婚的，在決定結婚的當下，都有著「這是不能輕易取消的」的覺悟。

從此要和這個人好好在一起，一輩子守護家庭。

那樣的想法讓我們結束了感情上的漂泊，或許平凡如我們，感情生活也沒有什麼大風大浪，沒有什麼漂泊可言，但就是結束了只是戀愛，沒有法律上的約束，彼此都還可以合則聚、不合則散的自由狀態了。

別人看妳已經是已婚，不管有沒有小孩都不是可以輕易示愛的對象，更正確的說法應該是，已經沒有人會輕易的愛上我們，就算有婚外戀愛這個詞，一般而言，還是很少人會主動去找這樣的麻煩。

被找上了也不是一件好事，在婚後要是突然有了自由戀愛的心情，那肯定是原本的感情關係出現問題，是一種警訊而不是浪漫了。

只是又過了幾年我才明白，當時還有些懵懂而做出的選擇，其實會大大影響到我們未來的生活，不只是下半輩子要和誰攜手共度一生，還包括未來要背負的母親、媳婦、女兒等等的角色，要用什麼方式去扮演。

因爲另一半的個性、家庭、價值觀等等的不同，想要在他身邊做自己的困難程度也大不相同，**如果有個選擇是牽一髮而動全身，那一定就是對人生伴侶的選擇了**。

而人在擁有選擇時，很少能夠想到「這是自由，要好好珍惜」，只會視其爲理所當然。總是在選擇後才會發現，人生的每一步都環環相扣，過去的選擇，又會對妳接下來的選擇形成束縛。

要好好珍惜現有的自由啊！當我們對年輕人這麼說，他們可能會以爲這句話的意思是要好好的玩、好好的享受人生，就像當年的我們。

而事實上這句話的意思是，**要好好把握人生每個「可以做選擇」的機會**，因爲每一個選擇都意味著責任，要是不夠謹愼，可能讓自己在接下來的每個選擇關頭都左右爲難。

如果不能做到隨遇而安，而是對自己有很多理想和堅持的人，可能會覺得一步錯步步錯，當年一個想太少的選擇，賠上了自己大半的人生。

我現在回想自己的結婚其實是覺得慶幸，因爲太多事情當時不懂，但至少就現狀而言，當年還不算犯下嚴重的選擇錯誤，沒有因爲別人說該結婚了就去結婚，交往期間，也覺得自己有盡力去觀察對方的人品和性格。

雖然還是有很多事情在婚後才會知道，就像我們自己，在婚後其實也會改變，對方也和單身時有所不同，但是只要某些關鍵的部分沒有動搖，結婚後共同努力，還是能磨合出一個互相配合、共同成長的節奏。

人生並不是不可翻轉的，這一點應該要被強調。

有些女人會說自己已經選擇走進這個家庭，從此只能為自己當年的懵懂而悔恨流淚，但我總是想，即使再困難，讓自己自由也是值得追求的。

人生只有一次，就算必須拉長奮鬥的時間，只要最終能換來問心無愧的結局，當自己有能力走出過往的錯誤時，一定也能感到如釋重負的輕鬆。

生養小孩雖然會縮限女人的選擇，因為母親必須為孩子付出大量的時間、心力和資源，做選擇時也不能只考慮自己。

但是反過來說，**成為母親也鍛鍊了女人的韌性**，會因為想要給孩子更好的生活、更好的成長環境、做更好的榜樣等等，而產生即使再多困難，也要努力扭轉過去的錯誤，追求更好的人生的強大意志。

可能性永遠是存在的，只要我們相信，並堅持努力去做，在任何看似不可能的情境下，都有可以實現的自由。

家庭事業兩得意的是男人，兩頭燒的是妳

包括我自己在內，身邊許多全職媽媽的朋友，都曾被提出這樣的質疑：「那個誰誰誰不就是又有工作，小孩還生了三個。」言下之意就是只能夠做到自己顧小孩，卻無法賺取收入的女人「沒用」。

我們這個時代的年輕男女，已經知道婚後還是要給彼此一點自由的空間，也懂得營造生活情趣，所以只要婚後還沒有小孩，不和長輩同住，還是能過得像同居的情侶那樣自由。

但是有了小孩之後，情況就徹底不同了。

雖然社會對已婚婦女的箝制已經不如以往，即使已婚也一樣可以出去工作、或

者不做家事請別人代勞，但是對於母親這個角色，這個社會的期待卻沒有絲毫的放鬆，甚至還更多、更加複雜。

對「母職優先」的想像，會和現在主流的個人主義相互衝突，個人主義強調每個人都是獨立的個體，人生最重要的目標是個人成就，但是身爲母親卻又必須以孩子爲優先，不能盡情追求理想中的自我。

於是女人的自我矛盾就產生了。

全職媽媽會對自己感到焦慮，因爲周遭的人認爲她「只需要帶孩子」，貶低家務和育兒這類無酬勞動，於是她明明就很忙很累，還是會被認爲是家裡的米蟲。

但職業婦女的焦慮也不相上下，因爲在職場上必須專心一致，別人會說她「錯過了孩子的成長」、「不想陪伴爲何還生孩子」、批評她是重視自己的發展，遠超過孩子福祉的「不負責任的母親」……

現在被認爲成功的女性，必須是成功的母親，又在職場上有所成就。但**孩子被認爲是母親一個人的責任**，所以在職場上，她根本就無法像男人那樣心無旁騖，總是有後顧之憂。

女人必須要兼顧事業和家庭，與其說賦予女人在職場上奮鬥的自由，不如說是新的角色期待和壓力，這個社會要求女性對家庭同時做出兩種貢獻，既是人力的，也是金錢的。

包括我自己在內，身邊許多全職媽媽的朋友，都曾被自己的母親、婆婆、或者伴侶這樣提出質疑：「那個誰誰誰不就是又有工作，小孩還生了三個。」言下之意就是只能夠做到自己顧小孩，卻無法賺取收入的女人「沒用」。

但是必須要兼得的壓力，其實加深了女人對周遭親人的依賴而不是獨立自主。因爲社會上沒有提供充分而且可以信賴的托育機制，不管是非正式的鄰里互助，還是正式的托育機構，所以她要能在上班時間準時抵達公司、專心工作，就高度仰賴家人這個非正式的托育管道。

因此當女人的身分從女孩、女人、妻子，又變成以母親爲主之後，她的人際關係就會像一張突然收緊的網，以小孩爲中心，家族中其他人都靠攏過來。

前面所提及的那種種旁人對於好女兒、好媳婦的期待，也就跟著被投射到女人身上，必須用「和諧的」人際關係來換得對方協助的女人，也就難以掙脫對方「妳要爲我的情緒負責」的不合理要求和束縛。

●不可能面面俱到，只求無愧於心

有個朋友在當全職媽媽時，每天要看先生下班後的臭臉，理由是上班很累，他單薪養家很有壓力。於是一次大吵後她選擇出門上班，孩子沒有找到合適的幼兒園，只好每天送到公婆家中，下班後再去接回。

但這樣一來經濟壓力雖然減輕，下班後卻是她一個人面對公婆的臭臉，公婆在媳婦沒有工作時，抱怨媳婦讓兒子自己養家太過辛苦，在媳婦工作後，又抱怨帶孫子占去他們的退休時間。

「妳應該找到合適的幼兒園或保母才去上班。」

公婆和丈夫都這麼說，但是找起這些資源時他們又事事挑剔，覺得沒有什麼比「家人自己帶更安心」，於是批評的方向就改成「妳爲什麼不能自己帶，同時在家工作」。

一直到孩子上幼稚園，公婆幫忙下課後接回，但是她有時要加班，或者孩子生病、幼稚園停課一停就是一周，這段時間只能拜託公婆照顧孩子的她，還是要面對公婆的批評：「妳為什麼不能找一個能請假的工作，妳是媽媽耶！孩子生病妳還只顧工作這樣像話嗎？」

如果把媽媽兩個字換成「爸爸」，就會有人跳出來說這種要求太不合理了，哪來這種又能彈性上下班、薪水不差、還能夠育兒和家務一把抓的工作。

但是當對象是女人、是母親，批評的人態度就會變得理直氣壯，因為這個社會認為母親本來就應該排除萬難去做對孩子和家庭「最好的選擇」，就算那些選擇在現實中根本不存在，她也應該要努力去實現一個幻夢。

簡單來說，**他們要母親既以孩子為優先，又要兼顧工作，還要對周遭的親友沒有任何依賴和干擾**。這種單獨針對母親的要求既不現實又不合理，但是長輩或丈夫都沒有體會過這種難處，自然也不會有任何同理心，去體諒已經蠟燭兩頭燒的女人。

這又再次的顯現出，女人最好把討好所有人、讓所有人滿意的目標拋諸腦後了。

因爲就算妳盡了全力，他們說什麼妳就做，妳也只是會落得筋疲力盡、卻依舊是千夫所指的下場。

人只能做自己盡力而且問心無愧的事情，至於什麼是理想女性、成功女性、好媽媽好太太好媳婦這些存在於他人心中，高到不切實際又令人難以置信的標準，就讓他們自己去說，妳就當耳邊風輕輕吹過。

因爲只要妳企圖達到他們的要求，下一步就只有做到更好，沒有夠好。就像我看待那位出門上班的朋友，覺得她已經是很盡責的母親和妻子了，多數時間都準時上下班，其他時間也認眞陪伴小孩，但公婆和丈夫的抱怨就是沒完沒了，沒有人想要體會她的難處，只想單方面宣洩自己的壓力。

這就是只會要求他人而不想在關係中有任何付出的人，對女人設下的陷阱，他們不斷說著「這是妳身爲母親、身爲女人應該做的事情」，然而自己卻什麼事情都不想做。妳如果只知道被動配合，期待他們有一天會肯定妳的辛苦，就是陷自己的自由於萬劫不復，更殘酷的是，當妳眞正有需要，只求保有工作的同時孩子能有人照顧，他們還對妳的困境冷嘲熱諷、落井下石。

選擇什麼樣的伴侶，就是選擇未來的人生

「只是覺得年紀到了就結了……」、「感覺還不錯就結了……」、「因為他說他會改變就結了……」諸如此類在結婚時心存僥倖的心態，成為母親後一定會深感後悔。

成爲母親，不是只有事業和家庭總是顧此失彼，還包括家族間的人際關係會突然變得緊密，這對長久以來相信個人自由、也渴望個人自由的女人來說，是難以應付的壓力。

孩子是鎂光燈的焦點，走到哪都受到親友熱烈的歡迎，媽媽緊跟在一旁面對的是疲勞轟炸的檢查和提問，對孩子的關心，一體兩面的就是對媽媽的不放心。

「他睡得好嗎？是不是妳不會帶？怎麼長這麼瘦？怎麼給他穿這麼少……」

從婆媽到路人，都會因爲關心孩子而對母親不斷質疑，而所有人都想要看孩子、和孩子玩，就意味著原本小夫妻自由的周末也不復在。

每個家庭的頻率和次數都大不相同，但可能一周回娘家一次、又回婆家一次，或者因爲夫妻都要工作需要有人幫忙，從此搬回娘家或婆家，突然變成三代同堂的情況也不算少見。

因爲孩子的事情不得不仰賴兩邊的原生家庭，或者卽使不用他們幫忙，他們也想多看看可愛的孫子孫女，總之，已婚女兒與媳婦的角色也是在這個時候突然強化，常常必須要以這種身分去與他人互動。

這時就會強烈感受到女人和男人的差別了。

同樣成爲父母，教養和照顧的壓力卻單方面落在女人身上，被長輩不斷質疑的通常是母親而不是父親，明明同樣是新手爸媽，男人卻可以擺脫不懂照顧小孩的批評和指責，也被允許擁有更多的自由時間，維持原本的興趣或娛樂。

女人因爲成爲母親而不斷被他人質疑，連帶著自己都開始輕易懷疑自己是否失職、檢討自己奶水不足或母愛不足；和伴侶之間，那原本可以甜蜜相處的兩人世界，現在也被時不時爆發的教養衝突、育兒和家務的分配等等的問題占據。

自由是什麼？自由是選擇，但是爲了實現社會中理想女性的形象，選擇的能力受到限制，人際關係上，更因爲害怕衝突而無法實現自我。

曾經想要成爲的自己，似乎被妻子、母親、媳婦、女兒這種種的角色吞沒。要避免這樣的情形就必須自己獨立帶小孩，以免拿人手短，必須承受長輩「都已經幫妳帶了小孩」，妳就應該做個理想女兒、理想媳婦，才算是「知恩圖報」的態度。

過去在感情上的選擇，影響的範圍其實既深且廣，因爲在這種時候，妳能夠掙脫多少不必要的束縛，以及能否在合理範圍內，堅持對方必須尊重妳的自由，跟另一半的想法和性格大有關係。

如果另一半懂得尊重妳，他會和妳站在同一陣線，相反的，如果他在婚前隱藏著傳統大男人主義的思想來與妳交往，婚後爲人父母時，他那種「女人就應該如何」的傾向，就會自然的展現出來，變成妳最大的壓力。

社會對父親和母親的角色期待非常不同，男人會更容易認爲自己仍然「有權」保有自由，而把妻子失去的自由看作「母親的本分」，不會有任何同情或出於同理心的協助。

其他還包括像是性生活也被認爲是妻子「應盡的義務」，沒有得到滿足就覺得自己的「權益受損」，批評妻子沒把孩子教好所以孩子難帶，卻無視自己身爲父親也有教養的責任。

總之，女人如果只是把結婚生子視爲自己人生的目標之一，而沒有意識到這對原本的人生會有多大的影響和改變，又或者是太過樂觀的相信男女平等已經落實在每個家庭，就會在這個階段驚訝的發現，原來以父職和母職劃分的性別不平等，是如此深植在每個人的心中。

卽使戀愛時相處起來還算平等、互相尊重的丈夫，都有可能因爲妻子變成母親，而對妻子渴望一點自由和自我的聲音置若罔聞。

有句話說「婚前腦袋進的水，就是婚後流的淚」，就是說如果沒有愼選結婚對象，誤把男人的情話當眞，忽視了家庭教育對個人長遠的影響，就很可能在這時陷入性別角色不平等的困境。想做什麼都被說「媽媽本來就是如此」、「這是媳婦的本分、太太的義務」，因此除了扮演一個傳統文化中犧牲奉獻的女人以外，難有其他角色上的突破。

「只是覺得年紀到了就結了……」、「感覺還不錯就結了……」、「因爲他說他會改變就結了……」**諸如此類在結婚時心存僥倖的心態，成爲母親後一定會深感後悔。**

選擇和什麼樣的人結婚，幾乎等同於選擇接下來的人生。沒有理性的做出選擇而是任由自己感情用事，婚後會陷入自己難以適應的生活，也是很自然的結果。

如果事情已經到了這個地步，想要重獲自由，就考驗一個女人擁有多少資源和決心，但是孩子又會大大影響女人的選擇範圍，因此一旦落到最不得已的情況，女人能做的選擇，就只剩下「用什麼態度」面對不自由的生活了。

告訴自己：「我想過的自由。」

就算聽起來，「女人的自由」就像某種注定會失去的東西，但是自由和選擇是一體兩面，每件事情只要認清「自己是有選擇的」，就有了讓自己自由的可能。

結婚幾年後我的感想是，人在擁有自由的時候該做什麼，其實跟我們對自由的刻板印象是不盡相同的。

我們總是以為，擁有自由時就應該放鬆心情的享受，把自由想像成只做自己想做的事、擺脫自己不想做的事，而實際上那樣的自由只是自我放任，而不是自由真正的內涵。

真正的自由其實是選擇，牽涉到個人擁有的資源和能力，年輕人因為身上背負的責任還不多，所以在做選擇時更能夠以自己爲優先，卻又忽略了每一項選擇都意味著責任，一旦做出選擇，接下來就是一系列對其負責的過程。

眞正懂得珍惜自由的人，面對選擇的態度是認眞而且謹愼的，知道每一項選擇都要適合自己，不只是自己喜歡而已，對於其中不喜歡的部分，也要有承受的能力和覺悟。

許多女人喟嘆自己沒有想清楚就結婚生子，把責任推給沒有遵守婚前承諾的另一半，但是追根究底，是自己答應結婚並且成爲母親，犯下太過輕信或自欺欺人的錯誤。檢討對方其實無助於改變現況，應該反省自己當時沒有珍惜選擇的自由，讓這份反省變成自我改變的動力。

我們要停止抱怨無法改變的事情，積極尋找如何讓接下來的生活過得更好的方案。但是有許多人抱持著走一步算一步的態度，坐等不負責任的丈夫改變、等孩子長大懂事，而忽略了其實在每一個當下，都能主動做些什麼。

丈夫不負責任又態度不佳，能好好溝通的時候就溝通，不能的時候，把問題提出來吵架也未嘗不可，讓對方知道妳的忍耐已經到了極限，而不是告訴自己說再過十年孩子大了我要離婚，內心深處卻也知道，這個十年之計只是無謂的拖延，眞的撐過十年，婚姻關係不睦的負面影響，可能都已經在孩子心裡紮根。

孩子還小所以對工作的選擇造成限制，但是與其說自己別無選擇只能屈就於不夠好的工作，還不如積極學習，培養自己一有機會就轉換職場的能力。

雖然不是每一項努力都會立卽見效，也會讓人有不知道努力的盡頭在哪的茫然感，但是**一直在爲「更好的未來」做些什麼**的那個自己，自信心和自尊自愛的能力，會和無奈的忍受現狀的自己截然不同。

人生很長，過去的選擇雖然無法扭轉或徹底彌補錯誤，但未來的方向卻是可以調整和努力的，只要有「就從現在開始，我想過的更自由」的決心和勇氣，還是可以做出改變。

要用這種積極的心態去面對現狀，或者執著於已經無法改變的過去，不斷抱怨自己當年的錯誤讓自己現在「別無選擇」？我想只要有這樣的選擇在，就表示人卽使是在最困難的時候，也還是擁有某種程度的自由吧！

●自由很珍貴，因此更需要為自由奮鬥

先前談的還是不小心進入傳統的家庭，受困於性別角色不平等的情況，而女人卽使婚後和丈夫建立了平等互助的關係，只要選擇成爲父母，就會失去很多屬於個人的自由。

父母這個角色幾乎是責任的代名詞，就從嬰兒時期照顧孩子的生理需求開始，逐漸變得越來越勞心，然後是幼稚園、小學、中學，經濟上我們必須照顧無法獨立生存的孩子，在社會文化上，現在的社會風氣，也讓父母需要花更多時間陪伴。

看著早幾年成爲父母的前輩，我已經可以想像自己未來十幾年的生活了，就是以孩子爲中心像陀螺般團團轉，能保有多少自由，幾乎是現在就可以預期的。

就以兩夫妻擁有的自由時間來說吧！不用工作、不用做家務和照顧小孩的時間能有多少，牽涉到兩夫妻擁有多少人力和財力的資源。

而那其實是非常不盡其在我的東西，得之我幸，不得我命，如果沒有，就必須以非常有限的、一不小心就掉出中產階級的薪水來扛起全部。那麼想從父母的角色

短暫休假，找回一點點屬於自己的時間，聽起來都很像是癡人說夢。

今年是我婚後第八年了。這段時間經歷過和丈夫一起突然變得身無分文、五塊錢也省的生活，也經歷過第一次懷孕流產，第一個孩子是高需求寶寶都不讓大人睡覺，然後短暫回歸職場又灰頭土臉的敗下陣來，現在則是迎接第二個孩子，是家有一童和一嬰兒的狀態。

我在思考什麼是女人的自由，就算聽起來，「女人的自由」就像某種注定會失去的東西，但我也覺得自由和選擇是一體兩面，**每件事情只要認清「自己是有選擇的」，就有了讓自己自由的可能**，我比過去更感覺到實現自由並不容易，在實踐時，卻也比以前更能強烈感受到「自由的存在」。

結婚就是我們與少女時代的告別，從此看未婚的朋友都像是永恆的少女，然後我們成爲母親，連上個廁所的生理需求，有時都難以滿足。等孩子逐漸長大，不再二十四小時跟母親綁在一起，心理上需要照顧的事情卻越來越多，我們各項選擇都考慮到孩子，不敢想像什麼是追求夢想的自由、做自己的自由、在媳婦和女兒的角色期待下，說自己想說的話、做自己想做的事的自由……

但想到自己還不算眞正年老，身體也還能夠自主，現在就宣告失去自由又心有不甘，也不想在漫長的人生裡陷入沒完沒了的懷舊或感傷。

在懷疑「自由已然不存」的低潮時刻，更需要冷靜、客觀的分析情勢，去觀察、衡量自己所擁有的條件和能力，思考怎麼樣爲自己那「極爲有限」的自由，打出一個小小天地的可能。

自由是需要追求和捍衛的，不是理所當然就能獲得，我在成爲母親後強烈感覺身不由己的階段，因爲自由的可貴而有了「必須努力做些什麼」的覺悟。

比起有著大把自由，卻不知道如何把握的童年和青年時期，中年是一個全新的開始，人與自己、與他人要建立什麼樣的關係，能否在人際關係中依然活出自己，實現屬於自己的自由，就看這時候是陷入悲觀的低潮，還是能夠振作起來，去爲人生的下半場做積極的準備了。

踏入婚姻，也是自己的選擇

期望別人為我們負責是沒有建設性的，既不可能實現，
也只會加深內心無計可施的無助和失落。

已婚而且爲人父母者，很容易在看到單身的朋友時，在心裡喟嘆單身萬歲。但感嘆歸感嘆，也應該知道那樣的羨慕純屬表面，無論單身或已婚，都有屬於各自的不自由。

結婚成家會讓人際關係變得複雜，但也因此有了別的收穫，這份收穫就是擁有一個家的安全感，也是我們明明可以在社會上獨立生存，卻選擇和別人共組家庭，把許多責任義務都扛上肩膀的眞正緣由。

我們渴望身在家庭當中的安全感，就是回到家裡，有一個人在，會爲彼此留一盞

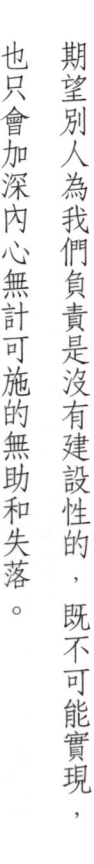

燈，會彼此關心，相互對話的那份篤定和安心。

我覺得在思考自由時，不能夠忘記這件事情。就是自由與選擇息息相關，讓自己結婚生子，限制自己未來人生的自由，其實也是自己的選擇。

我們想擴大家庭這張安全網，想要擁有歸屬感，即使我們不抱著孩子將來要養我們、照顧我們、保護我們的期待，擁有孩子也是家庭人數的擴張，我們在情感上依賴著孩子，是孩子的存在，讓我們擁有想像中的家庭。

我們是自願縮限自己的自由的，這一點必須要謹記在心，因爲有些人會把婚後失去的自由全怪罪到另一半頭上，又或者把爲人父母後失去的自由，怪罪給自己的小孩，這種想法完全忽略了自由的眞諦——**個人自由，意味著個人要爲自己負責**。

期望別人爲我們負責是沒有建設性的，既不可能實現，也只會加深內心無計可施的無助和失落。

●職業婦女並不是更加自由

我從短暫重回職場的經驗裡學到，所謂職業婦女可以兼得，因爲擁有的金錢和社會地位等資源更多，所以更加「自由」，眞的只是一種被塑造出來的幻覺。人的一天就是那二十四小時，扮演的角色越多，別人對你的期待就越多。越容易感受到角色之間的衝突。

有小孩的職業婦女，不論平日或假日都很難加班，小孩病假、學校停課時更是左支右絀，這時，女兒／媳婦的角色扮演，會影響到在這時能得到的人力支援，所以在和婆婆媽媽相處時，就更難單純做自己，而是得要小心翼翼不讓自己失去婆婆媽媽的後援。

「那麼會帶小孩妳自己帶啊！」如此這般，如果曾經因爲教養方式而惹毛過婆婆媽媽，對方伸出援手的意願可能會大幅下降，爲了在職場上不落後於其他同事，在家裡也必須要更加「努力」，不能破壞家庭關係的和諧才行。

總有人說：「老公在哪？不應該期望他人吧，小孩原本就是小家庭自己的事。」

但丈夫和自己一樣是職場上身不由己的勞工，育嬰假、家庭照顧假、陪產假……很多假放在那裡看得到吃不到，如果不是在職場上爬到了某一個高層，又或者本身就是家族企業而且援手充足的情況下，丈夫就算是有意願也可能心有餘力不足。

總有人要妥協的情況下，職業婦女常常只能在心裡吶喊。

那我呢？我的工作呢？我在辦公室裡被其他同事掃射過來的批判目光呢？

如果家裡沒有後援，也只能硬著頭皮去向主管請假，孩子生病沒有人照顧，做媽媽的再怎麼明白「上班就是要以工作爲重」，也不可能把孩子放著不管。

那些沒有經驗的單身同事，或者曾有同樣經驗，但有後援的主管或同事並不會理解，或者更正確一點的說法是，明白和體諒，並不是他們來到這個職場所願意擔負的工作。

人與人之間相互的理解本來就很考驗個人想像力，也考驗著同理心，但是在職場大家本來就是爲了薪水和待遇而來，彼此都在競爭著更上一層樓，因爲利益而結合的團體不斷打散重組，同理心的開關是不會打開的。

有家庭的同事也一樣需要照顧家庭，還未成家的當然要捍衛自己下班後享受生活的自由，一個不稱職的員工會被認為沒什麼好為自己辯白，成為母親，在以工作為重、工時一個比一個長的社會，或多或少就是被扣分的了。

那麼「可以實現的自由」在哪裡呢？

很顯然的，是更加困難的選擇。

妳可以選擇不當好媳婦，好女兒，堅持自己的理念而做好媽媽，但是要以失去工作時的後援為代價，處理不好的話，可能連婚姻關係都會因此變得緊張，因為丈夫多半認為把孩子無條件交給婆媽是可以接受的事情，對於妳身為母親的某些堅持，他可能覺得是沒有必要的。

當然妳也可以選擇做順從的媳婦和女兒，確保自己需要工作時有人可以幫忙照顧孩子，但就是要放棄對教養觀念面面俱到的堅持，告訴自己睜一隻眼閉一隻眼，因為人的一天就只有有限的時間和心力，妳不可能在每一處鬥爭。

和丈夫感情再好，也只是多一個精神上的支持，現實中的左右為難，多半還是女人要自己去扛。

我很希望在我的孩子成年之後，這種要母親扛起一切，好像順理成章就讓女人成爲自由的次等公民的情況，能夠有所改善。男女之間可以更加平等，成爲父母固然縮限了個人生涯的選擇，但這樣的限制不會只限於女性，**而是普遍同一的屬於不同性別**。

但是在社會的進步還未能達到這樣的期待前，也覺得女人是在被逼到彷彿無路可走時，才懂了自由的眞諦，自由是選擇、是負責、也是人生中不可避免的奮鬥。

接受不想接受的部分也是一種成熟，**承認事情沒有完美的選擇**，在不完美的選項中找到自己可以接受的並對其負責，就是成人應有的態度。

不要說自己「別無選擇」，要爲自己的心願奮鬥

不要輕易對自己說出「我別無選擇」。因為一旦對自己這麼說，自己就會相信，就會習慣在該做選擇時反而拖延，最後造成自己都無法承擔、不想面對但還是要面對的後果。

我們常常有太多不切實際的期待，總是盼望不用面對困難，事情就會有完美的結果。所以在有選擇時不敢做困難的選擇，或者拖延選擇的時間，到最後事情變成由別人來決定，但別人又不會對我們的人生負責。

比方說有些人把孩子交給婆媽，理由是丈夫堅持「這樣比較省錢」、婆媽堅持

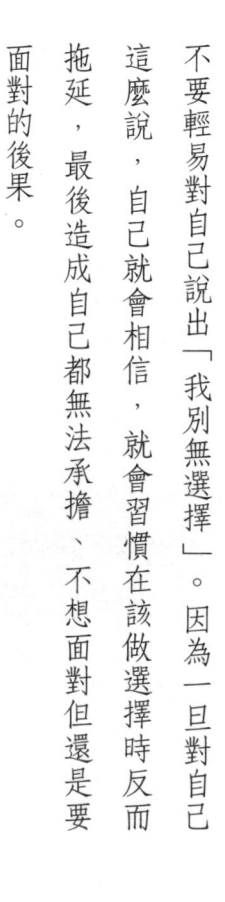

「這樣比交給外人安心」，但是明知道他們的教養方式不對卻不去堅持的結果，就是到最後孩子的發展走偏了，要花更大的力氣去改善和修正。

或者是在面對感情失和、價值觀分歧而無法好好相處的丈夫，對自己說，要給孩子一個「完整的家庭」，所以爲了孩子，我「沒有」離婚的自由。

結果就是讓破裂的婚姻關係影響到孩子的成長，比起父母離婚，但是孩子得以在安全的環境中長大，在父母的婚姻關係緊張，動不動就劍拔弩張的環境中長大的孩子，會有更多的不安全感和缺乏自信的心理陰影。

其實不管是哪一種情況，選擇的自由是存在的，只是被壓縮、被減少、變得困難，但是依然是存在的。

至少在前述情況發生時，冒著兩方撕破臉的風險也不讓婆媽干涉，就是一種選擇，離婚變成單親家庭，也是一種選擇，選擇跟自由就是一體兩面，**說自己沒有自由所以別無選擇的人，往往只是因爲眼前的選項不夠盡善盡美，放不下心裡對「完美」的期待，所以拖延時間不想做出選擇而已。**

比方說心裡還是幻想著孩子給婆媽帶可以讓婆媽高興，然後婆媽又能帶得很盡力很負責、或者不給婆媽帶但是她們樂意接受，能夠不傷感情的把孩子帶回來，想要離婚但是依然保有來自丈夫的經濟支持，或者幻想不離婚，但是丈夫會自己良心發現有所改變……

因爲心裡覺得好的，都是這些完美而沒有任何缺陷的選項，當沒有這樣的選擇而得要承擔一些不好的後果時，就逃避去做選擇，對自己說「我沒有選擇的自由」。這樣做只是自我蒙蔽，讓自己把頭埋進沙子裡，錯過了做出改變最好也最重要的時機。懂得珍惜自由的人不輕言放棄自己選擇的餘地，也清楚知道每一項選擇，都有各自的辛苦和難處。

年輕的時候想到自由，都是些美好而讓人心生嚮往的景象，好像自由就意味著能夠不受任何束縛，只做自己想做的事、只追求自己個人的願望。

到了現在這個人生階段，才知道所有的選擇都牽一髮動全身，爲此不得不反覆斟酌，究竟什麼才是自己想要、也能夠爲此負責的選擇。

不要輕易對自己說出「我別無選擇」。因爲一旦對自己這麼說，自己就會相信，就會習慣在該做選擇時反而拖延，最後造成自己都無法承擔、不想面對但還是要面對的後果。

做選擇時要能夠對自己說「**這是我想要的**」。要達成這樣的目標就是在面對選擇的關頭，誠實的面對自己究竟想要什麼，承認事情不可能面面俱到，只能盡力顧到自己心裡的第一優先。

放下對完美的期待，排出自己認爲的優先順序，既然不可能每件事情都很完美，就要淸楚知道自己心中，認爲絕對不可妥協的事情是什麼，以這件事情爲基準，去做能夠顧到最優先事項的選擇。

任何事情只要能顧到心裡覺得最重要的，其他不那麼美好的後果，就可以做到克服或承受。

比方說如果覺得最重要的是孩子的教養，就不要害怕跟婆媽因爲教養觀念而起衝突，要知道最壞的結果不過就是兩方撕破臉，但孩子自己帶或轉送保母，至少可以保障自己認爲正確的教養方式。

如果因爲拗不過婆媽的要求，任由她們用不正確的方式帶孩子，也不要說自己是別無選擇。要知道這就表示妳選擇「維護與婆媽之間的關係」，而被放到次要的，是妳對教養的堅持。

看似不選擇或者是被迫做出的選擇，其實都是選擇，一樣是爲了自己心裡認爲重要的目標，所以也一樣是自己的責任。

既然如此，不如在一開始就誠實面對自己的內心，讓自己知道爲什麼事情會演變至此，不要消極的等待問題自行解決，時間雖然可以克服許多傷痛，卻也有時間無法克服，一定要人爲做出改變的事情。

想清楚自己想要的是什麼吧。**找到心裡認爲最重要、最不能放棄或妥協的事情，**在這件事情上捍衛自己的主張，找到能夠實現目標的方法，雖然辛苦但是只要是自己的選擇，一定能感受到自己做決定的踏實。

卽使變成一個人，也要好好生存

沒有一份工作可以只做自己想做的事情，也沒有任何一個所謂「對的人」，只要跟他在一起，就可以保障自己不需要做討厭的事，承接自己不想接受的人際關係，扮演自己覺得辛苦或累的角色……

最近流行的說法是，想要自由，就需要「被討厭的勇氣」，因爲人如果不願配合社會加諸的種種期待，就有可能會被討厭，所以只要看開被討厭這件事情，就能讓自己掙脫期待的束縛，獲得自己想要的自由。

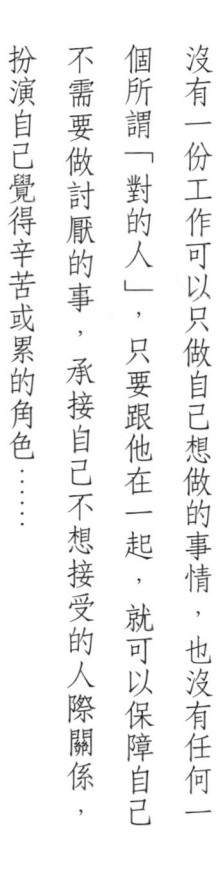

而女人特別缺乏被討厭的勇氣，這是有社會原因的。

因爲在社會的集體想像中，勇氣並不是女人人生的「任務」，善良和合群，換言之，努力爲他人付出，人際關係良好，才被認爲是女人最重要的美德。

可能是因爲在人類歷史上有很長一段時間，女人在經濟上都無法獨立自主，只能以一個好女兒、好妻子、好媳婦和好母親的角色生活，必須扮演好這些角色，才能獲得家族的認可，在社會上生存。

害怕跟家人起衝突，就是因爲害怕被家庭這個群體所捨棄，所以在面對困難的選擇時會以人際關係的和諧爲優先，而不是自己個人想要的選擇。

即使是現在，女人已經能夠出社會工作，擁有靠自己的力量生存的權利和自由，害怕被人群捨棄、一旦被討厭就會危及生存的那份不眞實的恐懼，仍然在女人的血液裡流動。

但是也因爲這個樣子，因爲時時刻刻都提醒著自己要符合群體的要求，女人很少感覺到自己是在「做自己」，很多時候都會覺得自己只是在配合，做出理想女性的樣子。

同時也很習慣等待別人的回應，期望自己默默的放棄自由、壓抑眞實的願望，可以換來別人主動發現，對此表達感動或感激的結果。

時代已經不同，女人能夠靠自己力量生存的現在，是時候要轉換心態，提醒自己要捍衛自己選擇的自由了。

因爲別人沒有義務，也不能代替妳做出妳想要的選擇。當妳把選擇權讓給別人，他們也只會選擇他們想要，而妳未必能夠接受和認同的事情。

我這樣一層層探究自己在成爲妻子、母親、媳婦與已婚的女兒之後，開始覺得有動彈不得而幾度窒息的心情，是因爲有一件事情極爲重要，對女人而言卻又特別困難，就是「被捨棄的覺悟」。

比方說不敢成爲對方口中不夠好的妻子，是怕被對方拋棄，自己會被打上「失婚女子」的標籤，不管那標籤本身，其實就是一種性別不平等的污名。

如果婚姻關係不睦，父母會是自己唯一的依靠，這時就害怕成爲父母眼中「不夠好的女兒」，夫妻吵架時就無處可去，也不會有人心疼或接納自己。

害怕做不夠好的媳婦，因爲婚後有太多事情會受婆媳關係的影響，婆婆可能不斷對著丈夫批評或說自己壞話，也有可能在自己工作需要時，不願意協助照看孩子。

然而那不只是自己的孩子，也是祖父母和外祖父母的孫、丈夫的孩子，他們之間也有必須要互動才能維繫的情感關係，這個社會卻用「照顧孩子本來就是媽媽的全責」這項教條，讓所有人只要陪孩子一下，就可以理直氣壯的去跟母親索取報償，宣稱「我『幫妳』帶了孩子」。

總之就是害怕一個人在社會上生存，害怕這些人捨棄自己，所以會要求自己達到對方心中好女兒、好媳婦、好太太的標準，不敢去做對方不贊成的事。**人如果想要過得自由，不只是會被討厭，還可能會被捨棄**。因爲這種害怕被捨棄的心情，女人更容易主動放棄選擇的自由，順從別人、滿足對方的要求。

如果只是把自由看成一種人權，覺得理所當然應該擁有，就會無法接受和想像，有時候被討厭或捨棄，本來就是爭取自由必須承擔的後果。

而且被捨棄其實並不如想像中的那樣可怕，人只要有能力在社會上生存，就一定會有團體接納自己。

如果因爲害怕被捨棄而事事委曲求全，反而會讓自己在不適合的群體裡待上更久，同時間，也會因爲知道這個棲身之所只是暫時，是自己犧牲自我所換來的，反而會害怕當自己無法再做出同等的犧牲，就可能失去在群體中的位置，因此過的惴惴不安，失去在群體中獲得保護的安全感和安心。

當然，這也不是說我們每件事情都要特立獨行，完全不考慮其他人的想法和需求，而是需要知道做自己的可能後果，承擔可能的風險，而不讓被捨棄、被切斷關係的恐懼隱隱作祟，限制了本來可以實現的選擇。

我們需要學會判斷，在哪些事情上可以做自己而不必過度擔心，不要太在意「別人會怎麼看我」，還有哪些事情，是一旦我們必須堅持，就要先確保自己有充分的準備。

以教養衝突爲例，如果要堅持以自己認爲正確的方式教養，就不能期待別人無條件的配合，因爲別人也會有他認爲正確的立場，所以若是要堅持到底，就要培養自己「不需要別人幫助」也能獨立育兒的能力。

只要知道這點，就不會搞錯目標，徒勞無功的想要去改變對方對教養的想法，而是能夠更有效的調整努力的方向，讓自己一旦遭遇兩代之間的教養衝突，就能有更多選擇。

身爲女人而且是母親，在人際關係上，我們那「可以實現的自由」其實就是如此，沒有任何年輕時想像的，好像自由就是說走就走、跟著情人浪跡天涯的浪漫情懷，而是充滿了現實的能力和條件，同時，也考驗一個人想要自由的決心。**能夠讓自己受到他人尊重、並且實踐自己想要的自由的，永遠都是「即使變成一個人，也要好好生存」的覺悟和勇氣。**

而女人並不缺生存能力，只是特別缺乏那樣的覺悟和勇敢，因為在我們的成長過程中，總是被當成貼心的女孩兒來教養，被期待要做團體的一分子，要和原生家庭、公婆、妯娌、親戚朋友等等都相處和諧。

一個人生存變成一件難以想像的事情，所以在內心深處，女人總是背負著一種生存的威脅，擔心自己如果做的不夠好，就會被家庭放逐，最終無處可去。

相對的，別人要利用這樣的恐懼，讓女人自願委曲求全，也變成一件容易的事情。女人就因此不斷束縛自己，在有所選擇時，不敢去做別人不滿意的選擇。

然而，也該學習為自己的自由奮鬥了。

嘆息女人總是無法像男人那樣自由，雖然沒錯，卻沒有辦法積極的改變現狀，只會讓自己珍貴的人生，就是在反覆的「毋為女人」的遺憾中度過。

不去爲自己爭取權益，只求符合團體規範的女人，不會是女人自己眞心嚮往，也最忠於自我的選擇。

走在別人決定的路上，是不會有幸福的。我在思考怎麼爲自己爭取那有限的自由時，有了這樣的體會。

● 對自由的認知

一定還有可以實現的自由的，但是必須對自由有著正確的認知。如果認爲自由是「從此不用做不想做的事」，那這種自由，即使是在最無憂無慮的童年，也一樣不存在。

沒有一份工作可以只做自己想做的事情，也沒有任何一個所謂「對的人」，只要跟他在一起，就可以保障自己不需要做討厭的事、承接自己不想接受的人際關係、扮演自己覺得辛苦或累的角色……

太多廣告和影片、文章，把自由和美好的圖像連接在一起，讓我們對自由有太多的誤解，於是即使是已經很自由的人，也可能覺得自己是不由自主的，只要有不想做的事情，就會覺得被剝奪了自由。

眞正的自由是什麼呢？

是在總有一些不喜歡的事情的生活中，去選擇自覺比較適合自己、也能夠加以負責的選項。

所以自由是愛一個覺得適合自己的人、爲一份覺得適合自己的工作奮鬥，內在仍然包含許多不想做的事情，但是只要知道「這是自己的選擇」，就會因爲自己有選擇的自由而感到踏實。

不管怎樣，都是自己的選擇。

有選擇，就有自由。

03

懂得珍惜自由的人

守護自由的方式，不需要別人的認同

因為經濟上無法獨立而無法踏出婚姻，這種情況是一定有的，但是有能力離開，卻因為無法打開離婚＝婚姻失敗的心結，而選擇不離開的人，其實也一樣很多。

每個人身邊都有這樣的女性朋友，就是論起條件沒有一項遜色，無論是外表、內在、工作能力、收入等等一切都好，卻被困在不甚滿意的情感關係裡動彈不得，不管有沒有小孩，都寧可爲了維護婚姻而受苦，不曾想要離開。

有小孩之後更有可能拿小孩當作理由，覺得孩子需要爸爸、父母俱在才是健全家庭等等，而沒有考慮到丈夫作爲父親是否合格，似乎幸福的婚姻和家庭，單純就只是一種形式，只要經濟無虞、有父親、母親，「人在」，就算是合格。

每次看到這樣的故事我都會想，原來想要過得自由，一個人的能力還只是基本條件，**更重要的是意願**，如果沒有切斷一段關係讓自己活得更自由的想法，就會寧可讓自己過得不由自主，做出旁人看來絕對不值得的犧牲。

當然，這也不是不能理解的。

因爲女人對於離婚的標籤更加在乎，社會上看待結婚又離婚的女性，也比看待男性來得嚴苛太多，不只是想要再婚不易，也總是會有懷疑她能否好好經營一段關係，之所以離婚，是不是在某些方面「失職」的指控。

這些都是對女性的不平等待遇，但是如果想要過得自由，在沒辦法輕易改變他人的情況下，就必須自己先把這些不公平的念頭放下，從自己開始，停止用負面的眼光看待自己才行。

要讓自己有勇於離開一段不快樂婚姻的勇氣，有足夠的經濟能力可以獨立還不夠，還要有覺悟一旦重回單身，可能必須面對更多的挑戰和汙名。

要把自己和那些汙名分開，淸楚的知道哪些是屬於不實的指控，堅持捍衛自己的尊嚴和自信，不被社會施加在女人身上的壓力所動搖。

女人要爭取自由的代價就是這麼高，也難怪離婚對女人而言比男人困難許多，但也考驗一個人想要自由、想過忠於自己的生活的心志是否足夠強大，如果僅僅是已婚就能讓自己覺得獲得保護，就可能會堅守僅存表面形式的婚姻關係，而婚姻的內在究竟有沒有情感支持、伴侶之間能不能彼此尊重、有沒有信賴關係、能否共同分擔家庭責任等等，就會被認爲不重要了。

對於有孩子的人來說，還要知道無論是哪一種選擇，終究都是自己的選擇，不能以孩子爲藉口，讓孩子一起承擔痛苦婚姻的苦處。

因爲經濟上無法獨立而無法踏出婚姻，這種情況是一定有的，但是有能力離開，卻因爲無法打開離婚＝婚姻失敗的心結，而選擇不離開的人，其實也很多，如果能夠清楚知道一切都是自己的選擇，或許能夠多一點坦蕩和從容。

總之，無論是不想被貼上標籤而選擇不離婚、忍受不快樂婚姻的辛苦，或是決心無視於社會壓力而選擇離婚、面對社會對離婚女性的汙名化的辛苦，只要知道自己是選擇了自己能夠承受的一邊，而且能夠坦蕩的說出這是自己的選擇，那麼這項選擇本身並沒有對錯，都是一種忠於自我吧。

保有「離開一段關係」的自由

擁有離開一段關係的自由是很重要的，可以給人信心，讓人在面對親密關係時變的從容，不會過度擔心「對方會不會離開我」。但是即使暫時沒有這樣的能力，也不要過度焦慮，要知道沒有一個現狀是永恆的現狀。

在懷了第一個孩子，因緣際會而成了全職媽媽的時候，我時常被一種說法所苦。「女人無論如何，都要有自己的工作。」因爲沒有工作就沒有收入，沒有收入，就很容易被主要賺錢養家的丈夫看不起，或者因爲沒有能力離開，而陷入被動和無法爲自己爭取權益的窘境。

因爲認同這樣的說法，突然變成全職媽媽的我，時常感到慌張甚至是害怕，但是自己帶孩子之後又無法下定決心交給他人，想要和孩子有最多的時間相處。總之，當時的我不但對自己的處境缺乏自信，還時常感到左右爲難。

問我的眞心話，是想自己帶孩子的。

但是又覺得害怕，擔心沒有收入，會讓自己在婚姻關係中居於「弱勢」，就這樣懷抱著惴惴不安的心情，一天度過一天，總算也撐到孩子上幼稚園了。

而有過那段經歷後我發現，其實一段關係的和諧，自信心是非常重要的。

擁有工作＝收入，不單只是因爲金錢能確保部分的經濟自由，而是因爲金錢給人能夠靠自己在社會上生存的保證，這樣一來，也不會過度緊張看待婚姻關係的小小起伏，換言之，**因爲知道自己有「離開關係」的這項選擇，人反而會變得從容**。

而我當時自覺沒有這樣的選項，經濟上依附丈夫的生活，讓我總是過得緊張兮兮，像是查看丈夫手機、緊張的盯著他的臉色、懷疑他是不是對我沒有過去那麼好了等等事情都在那時候發生。恐怕還沒有眞正出現什麼外部挑戰，光就我的這份忐忑心情，還有不自覺展開的緊迫盯人，就已經是一種會影響婚姻關係的壓力了。

現在的我第二次成爲媽媽，還是選擇當全職媽媽，但是心情上相對放鬆了。

我想是因爲這次的選擇不是因緣際會，而是我衡量過自己的能力，清楚做出適合自己的選擇的結果。

體會過重回職場，工作和家庭難以兼顧的壓力，也終於能夠明白一些身爲職業婦女的朋友，爲什麼會委屈的說「明明我也有在賺錢，爲什麼下班後老公還是在當大爺，讓我一個人忙碌」。因爲體會過不同的處境所以能夠比較出各自的優缺，覺得按照我內心眞實的想法，還是想親自陪伴孩子，用自己想要的方式教養孩子長大，總之，人在不清楚自己爲什麼陷入某種狀況時，很容易因爲不了解自己擁有什麼而失去自信，而那份缺乏自信的心情，又會讓關係變得緊張。

但只要是衡量過自己的能力、清楚知道自己的個性和眞實的願望，自己主動做出的選擇，即使還是必須面對困難和潛在的風險，也能夠因爲知道這是自己做的選擇而比較能夠承擔，「既然做了選擇了就要做好」，想要努力的心情也會更加踏實。

擁有離開一段關係的自由是很重要的，可以給人信心，讓人在面對親密關係時變得從容，不會過度擔心「對方會不會離開我」。但是即使暫時沒有這樣的能力，也不要過度焦慮，要知道**沒有一個現狀是永恆的現狀**，只要清楚知道自己的能力在哪，並且持續保持自己這份能夠獨立的能力不要消失，就隨時可以迎接新的挑戰，做出相應的改變。

不論是職業婦女還是全職媽媽，這種信心和能力是同樣重要的。

單身的人比較「自由」，但也受到各種的牽絆

絕對自由不是一個人可想像和求取的目標，也不真實存在，身而為人，不管單身已婚有無子女，在這有情世間，注定放不下各種的牽絆，儘管有時感覺像是牢籠，這份被綁住的幸福，卻也是人生的真實。

這個世界上並沒有絕對的自由，因爲所有的自由，都伴隨著責任。

即使這個社會的廣告、電影、電視、網路……所有的媒體都在散播一種自由和美麗的形象（特別是對女人來說），好像這世界上眞的存在一種年輕美麗、自信無畏、想到旅遊可以說走就走，想做什麼都能說到做到的人，但是在現實中，那樣

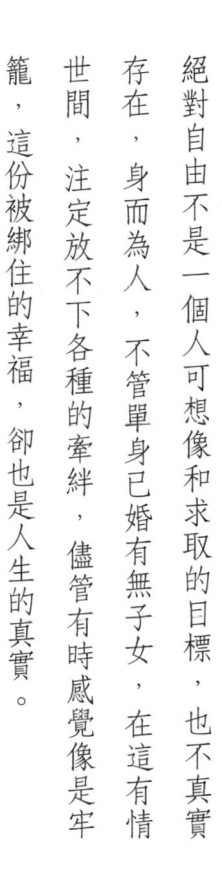

的人是不存在的。

只要想到即使是最接近此一形象的單身友人，事業有成、年輕美麗，想想她們私下傾訴的煩惱，不外乎自己過得很好但長輩卻連年催婚催生，不想見面卻又牽掛著長輩逐漸老去，即使出外旅遊也會接到工作的奪命連環扣等等……就會知道**人即使在看似最自由的時候，仍然是不自由的**。

因爲她永遠是某人的家人、戀人、朋友和工作者，這無數包含了沉重的責任負擔，混雜著甜蜜的牽掛、情感的關係，把人牢牢綁在一張看不見的網上，嘆息著人生沒有所謂的「絕對自由」。

如果有，那只能是孤絕到令人恐懼的孤獨，沒有人想著妳，妳也沒有任何人可以想念，對於身爲群體動物的我們，那樣的自由只能說是極冷極冷，恐怕只要體會過一次，就再也不會有人視爲嚮往了。

承認這社會上沒有絕對自由，身邊的人，即使單身、年輕、多金，其實也跟我們這些已婚有子女者，有著不相上下的不自由。這份認知是要讓自己放下不切實際的羨慕和嚮往，擺脫社會所創造出來的，自由和率性的浪漫神話。

絕對自由不是一個人可想像和求取的目標，也不眞實存在，身而爲人，不管單身已婚有無子女，在這有情世間，注定放不下各種的牽絆，儘管有時感覺像是牢籠，這份被**綁住的幸福**，卻也是人生的眞實。

在各種狀態下，都要珍惜自己的自由

我們對壓力敏感，對自由麻木，總是要在自由減少、消失的時候，才會意識到自己曾經很自由，悔恨當時沒有慎重的做出選擇。

已婚者常說單身好，比較自由，但是眞正讓自己過得好的人，其實是能夠在單身時把握單身的快樂，成家後享受家庭的幸福。

這是我們可以努力的目標，秘訣應該是——不貪求，珍惜在不同狀態下，可以擁有的選擇。

要學習在不同的階段中，用最適合自己的方式去做選擇，特別是不要看到別人怎麼做，就跟著盲從。

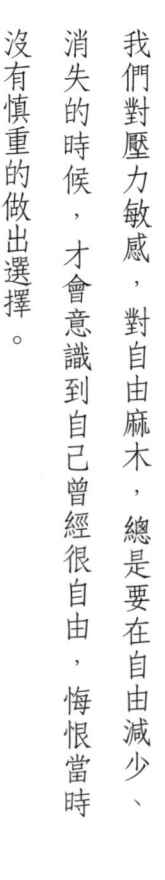

自由是選擇，而人必須對自己的選擇負責，所謂負責，就是事情總有不想承擔卻又非得承擔的一面，如果妳總是在有選擇時羨慕別人，比方說在單身時，就羨慕別人一家和樂融融，又或者在背負家累時，羨慕起單身的朋友過年可以回家當女兒，不用和婆家相處等等，那妳注定會因爲**總是把注意力放在不足之處**，而覺得不快樂，不自由，甚至是痛苦了。

我們其實沒有必要讓自己過得這樣痛苦，只要努力去跳脫人性的貪婪，擺脫這種總是關切自己「還缺乏什麼」的本性，轉而去欣賞、擁抱自己當下的狀態，不管是單身或已婚。

沒有人打擾是一種幸福，爲家人付出也是一種幸福，只是我們往往過度強調自己委屈和辛苦的那一面，而忘記了這一切，其實也是我們當初爲了追求幸福而做出的選擇。

很多資深的已婚者已經不談初衷這兩個字了，只談「相忍爲國」，夫妻之間互相忍耐，也忍耐婚後各種不由自主是多麼天經地義的事，但是這種「和一個人互相忍耐」，是爲了能分享更多幸福的狀態，原本就是我們選擇成家的初衷。

把選擇時的初衷放在心上，人世間的辛苦都會變得美好許多吧。

就像不要爲了過程的艱辛而忘記自己原本的方向，要知道想要實現自己的理想，總是要有辛苦和付出。

現在讓人感到沉重的責任和壓力，是自己從過去到現在不斷做出選擇的結果，在當中有自己想要追求的事物，而自由的感受總是做選擇時的那一剎那，不會長久而持續的存在人的心中。

我們是對壓力敏感，對自由麻木，總是要在自由減少、消失的時候，才會意識到自己曾經很自由，悔恨當時沒有愼重的做出選擇。但是人會隨著身上的責任越來越多，越能感受到自由的珍貴和價值，當一點點自由的感覺出現時，也才會有彷彿天降甘霖的美好吧。

04

換個角度看待原生家庭

卽使是原生家庭，也會有遺憾

其實妳只要承認一件事情，就是不是每個人都能擁有來自父親或母親的愛，妳的人生中某一個盒子是空的，妳就可以放下，然後獲得自由了。

和自己的父母之間，如果有一些非常深層的問題，不是表面上合不合得來這樣的程度，而是內在眞的有一些情感上的空洞，那就像是抱著一個空盒子在路上走，別人的盒子裡都有著珍貴的寶石，而妳的盒子卻是空的。

妳不願意承認也不願意相信那是空的，所以一直想要做些什麼而不斷地努力，看著別人都有愛她的父親或母親而妳沒有，妳會一直堅持著想要說服自己：不可能，每個人都會有，我不可能沒有。

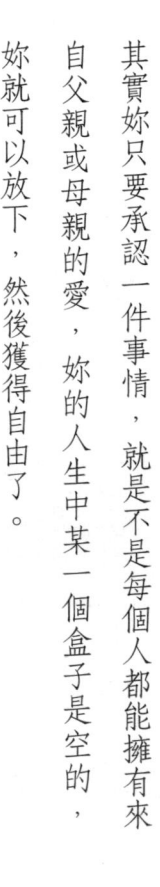

妳的執著會讓妳非常痛苦，因爲太多事情並不取決於妳的努力，一份與生俱來的愛可能是一開始就注定了有或沒有，妳可能願意爲了這份愛而扭曲自己，但扭曲自己才能得到的愛並不眞實。

其實妳只要承認一件事情，就是不是每個人都能擁有來自父親或母親的愛，妳的人生中某一個盒子是空的，妳就可以放下，然後獲得自由了。

空出的雙手可以去爭取其他珍貴的東西，可以把其他對妳也同樣重要，也會回應妳的努力的對象牢牢牽住，妳一樣可以過得很好很幸福，一個妳不肯放下的空盒子，眞的只剩下沉重而已。

妳能夠放下多少，取決於妳有多渴望自由。

人際關係，總有必須放下的執著

但人生只要到了某個階段，就不會相信每一項願望都可以達成了。會知道即使一個人很了解自己並且全心全意的努力，也會有必須要接受和面對的遺憾。

孩子睡著的時候，總是會想起很多事情，好像一整天以孩子為中心如陀螺般旋轉，現在中心暫時的停歇，那些因忙碌而紛亂的思緒就平靜了下來。

浮上心頭的都是一些遙遠的事，帶孩子的一天結束之後，總是特別容易想起自己還是孩子時的事，那時我是孩子如今我是成人，現在想起來，從一個角色到另一個角色之間的跨越，確實不是由年齡來決定的。

從孩子成長為大人，就是開始知道人生並不是一張願望清單。曾經有一本叫做

《生命清單》的書非常受到歡迎，還登上當年的文學暢銷榜，書中女主角在釐清了自己眞正想要的事物之後，一一實現了年幼時寫下的心願。

但人生只要到了某個階段，就不會相信每一項願望都可以達成了。會知道卽使一個人很了解自己並且全心全意的努力，也會有必須要接受和面對的遺憾。

年輕時我對死亡有過浪漫的想像，覺得人生走到最後，最美好的就是回想自己所做的一切都能夠了無遺憾，因爲自己的努力，所以沒有任何的待辦事項未完。

但那不是事實。到了現在這個階段，很多事情不斷努力、又不斷爲之痛苦而且跌撞，我終於學到一件事情，那就是人生沒有辦法被列出一張表，把想做和覺得應該做的事情一一勾選，然後就能保證實現自己的每個心願。

特別是那些跟人際關係有關的事情，卽使是家庭、伴侶、朋友、親子……無論有無血緣的羈絆都一樣，關係的圓滿與否，並不完全取決於個人的努力。

很多時候，過度的努力反而讓彼此都不得自由，因爲**一直努力想要「改善關係」，就等於是無法停止對對方的期待**。

無論從我們的角度來看能否接受，對方都可能已經盡了他最大的努力了，再多期待，就是壓力和強求。

我們總是很難放下那些我們認爲「應該」的期望，比方自己既然付出愛，就「應該」要得到對方以愛回應，又或者是既然是親子、伴侶、家人，就「應該」要能彼此理解、彼此關懷、彼此「無條件的」支持對方。

但卻忽略了所有應然的想像都是想像，很多都是這個社會形塑出來的一種集體意識，讓妳以爲多數人甚至所有人都擁有某一種特定的家庭關係，而事實是每個家庭就像每個個人那樣，獨特，並且與衆不同。

爲了擁有和別人一樣的家庭，而努力到辛苦的程度就是一種執著，但是**原生家庭這種關係，與其說是奮鬥得來，不如說是緣分決定了一切**，別人擁有既相愛也能相處的家人而妳沒有，不一定是妳不夠好，或者妳比他們少做了什麼。

放下對別人的期待，看起來是給別人自由而自己承受失落，但是只要這麼做就會發現，當妳能放下對人、對事情，只要努力就能夠加以改變的那份期望，放下那些難以捨棄的心願，妳是第一個重獲自由的人。

一切就看妳想要自由的念頭有多麼強烈，當事情不如意時，能不能理性的判斷，自己其實已經盡了最大的努力，在應該要放手時就要放手，不必再讓自己抱著一個空盒子，還一直對自己說，那個盒子不是空的。

一開始就注定了有或沒有的事物或關係，求之不得卻又堅持抓著不放，妳的執著只會讓雙方都陷入痛苦，而妳首當其衝。

即使是父母，也是妳生命中的「他人」

我們這個時代有著強烈的個人主義的氛圍，強調一切都是個人責任、個人自由，好像個人只要足夠努力，就可以實現所有渴望實現的事情。相反的，如果失敗了，我們也會懷疑是不是「個人的努力」不夠。

如果說有一種人際關係，是即使再痛苦，也無法說服自己停止努力，花費多少年都會想要去「經營」、「改善」、「和解」的，那應該就是與原生家庭的關係了。因爲我們每個人都生於家庭，出於天性，我們會渴望這個出生的地方，出生時就在我們身邊的人，也會一直是我們永恆的歸屬。

所以即使對家人失望，被家人傷害，想到要踏出這個家庭還是會覺得忐忑不安，彷彿被世界放逐，朋友、戀人……外面的人給我們再多溫暖，心裡也覺得家人才是眞正的無法取代。

但是到了某個人生階段，體會到人生中各種滋味都是冷暖自知，我們就應該要知道，是時候放下這個想法了。

要知道卽使是親如家人，卽使是血濃如水的關係，每個人也都是獨立的個體，「一直在一起」或「一直爲彼此付出」並不是每個人來到這個世界上的使命或任務，彼此分離，各自去走自己的人生路程，像一棵植物那樣迎接自己的花開花落，才是生命應有的樣子。

如果妳原本就有著符合期望的家庭，妳會因此從未感覺到自己對家庭有什麼特別的期望，因爲一切都好像自然而然，那很好，妳可以不用再去改變什麼。

但如果妳有著期待，妳希望家人之間的感情更好，希望家人更了解妳、更欣賞妳、更感動於妳的付出，那表示妳原本擁有的並不足以滿足妳，而妳應該要放下期待，而不是一再努力。

要知道卽使是妳的父母，也沒有滿足妳對家庭的期待的義務。他們生養妳已經是一個人生階段任務的告終，之後要再花多少時間彼此傾聽或相處，那是緣分，而不是他們對妳的義務。

妳能做的只有把握自己能做的事情，而那永遠都不包括改變他人。

父母終究也是妳人生的「他人」，所謂他人並不表示不重要、沒有意義，而是說妳眞正想要的，那種總會有一個人無私的愛妳、傾聽妳、給予妳理解和認同的那份心願，妳不能仰賴他人，只有改變這個不愛自己的自己，才能夠眞正實現。

父母和手足都在面對他們各自的課題，而對著某人不斷投注「來關心我吧」的目光，是最容易帶來失望的，會用這種目光看著父母或其他家人，也表示妳還不夠成熟，還沒有意識到，妳想實現的心願，其實掌握在自己而非他人的手上。

因爲妳總是有能力改變自己，但是沒有能力改變他人，所以如果妳有自己的家庭，妳可以專注於自己的家庭，努力從自己開始，創造自己心目中理想家庭的風格。妳可以嘗試自己做到妳所期望的樣子，而不是堅持說服他人必須接受。

哪怕妳企圖改變別人是基於一個美好的憧憬：父母、親子、手足之間，彼此關愛而無話不談。只要妳是把那份憧憬寄託到別人身上，就會是妳終將要接受的遺憾。

接受「遺憾是人生的必然」吧，有些心願不能實現，因爲那不是妳一己之力可以翻轉。

如果妳有著期望就會失望，就會有痛苦或傷感。人生到了某個階段妳不再是天眞的孩童，也不是年輕無知的女孩，如果妳曾經有過渴望卻不可得的痛苦，就要去釐清那究竟是可以實現的目標，還是妳其實無法實現，卻一再作繭自縛的執著。

我們這個時代有著強烈的個人主義氛圍，強調一切都是個人責任、個人自由，好像個人只要足夠努力，就可以實現所有渴望實現的事情。相反的，如果一個人失敗了，我們也會懷疑是不是「個人的努力」不夠。

但是人生有許多事情都不取決於個人，而是內外條件，以及個人能力的配合。特別是人際關係，**每個人都會有自己想要實現的目標**，而那不一定能相互配合。

「凡事都盡其在我」是一種集體想像而不是眞實，是個人主義所創造出來的幻覺，忽略了各種事情都需要人與人的合作，而能不能做到、彼此有沒有共識，又因爲每個人都堅持「我才是對的」而難以達成。

牽涉到感情這種非理性的條件，人際關係其實更仰賴緣分，妳無法控制，也無須爲此自責。

一旦妳接受「**家庭也是一種人際關係**」的事實，就會知道妳過度期望家人爲妳做些什麼，用妳期望的方式與妳相處，其實就是一種束縛。

而當妳接受了家庭是「不同想法的人所組成的群體」，家中的每個人，即使生活在一個屋簷下，也像不同類的植物那樣各自生長，妳就能找回自己的自由。

與家人的關係不符期待，告訴自己不要刻意追求而是順其自然，能夠讓妳從無法實現的心願中解放，爲不斷重複上演的「努力——受挫——痛苦」的循環中按下終止。

童年創傷，終究還是自己才能修補

看待過去的事情不能期盼、希望對方有和自己一樣的感受，甚至也不能追求對方的理解，而是要知道，每個人都是獨自面對自己內心的傷痕。

現代人對親密的人際關係，特別是親子關係的執著，和這個時代對心理學的重視是有關係的。

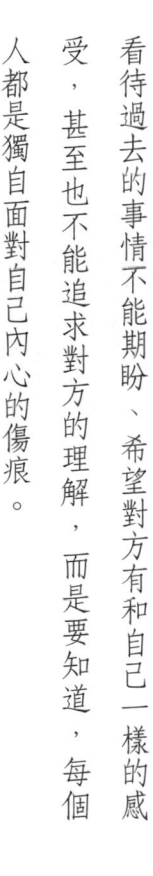

心理學著重一個人的童年經驗，強調童年對一個人的影響深遠，加上大眾心理學的普及，童年對個人一生的影響，可以說已經變成眾所皆知的常識了。

也因爲這樣，現代人對親子關係會有更多期待，遇到問題時，也渴望從自己的成長經驗中找到解答，我們會希望了解自己童年時產生的心理陰影，解決現在生活中，因爲缺乏安全感和自信心，所遭遇到的各種問題。

但是這樣一來，對於發生在過去的親子之間，其實已經無法重來的事情，就變成一種單方面的執著，因爲父母已經年老，無法配合也可能不願配合，我們想重新理解自己的過去、改善親子關係的嘗試。

因爲父母的想法和我們是不同的，我們用心理學的角度分析自己，但父母並沒有這樣的習慣，我們會相信人的內心陰影是可以面對，也應該要學習面對的，但上一代普遍的認知是，已經過去了的事情，爲什麼妳要苦苦執著。

所以一旦察覺到自己受到童年經驗的影響，最好的方式還是自己去面對和改善，不要期望父母會加入，也不要期待自己能說服父母。

人跟人之間自有緣分聚散，有人說這輩子成爲家人，就是前世有未了的因緣，我們不知道此生注定的功課是什麼，但是比起去期待和要求對方，去改變大致上已經定型的互動模式，我們更能夠做到的是放眼未來，從現在開始關心自己。

去期待別人的理解和共同努力，並不是關心自己的有效方式，因爲所有的改變只要與別人有關，**別人有沒有那樣的意願和想法，就會被動的取決於別人。**

眞正與家人之間的相愛，可能是過了一個階段，就用朋友的角度看待家人，彼此合得來就多聊一些，話不投機但是又需要相處的時候，就找些不會引起衝突的話題。

對於渴望修補童年創傷的人來說，這種作法可能看似消極，但是童年創傷這項與家人的共同經歷，其實也是各自解讀。妳覺得當時受到了創傷，但對方不見得願意，或者有能力接受「他的言行傷害了妳」的這件事情。

所以看待過去的事情不能期盼、希望對方有和自己一樣的感受，甚至也不能追求對方的理解，而是要知道，**每個人都是獨自面對自己內心的傷痕**。

這樣的認知可能會讓人感到孤獨，但換個角度想，既然每個人都是如此，也不算是特別的孤獨。世界很大，卽使家人不理解，也總會有人和妳有過相同的經驗，或許他們可以理解妳，給予妳所想要的那份支持。

對親子關係的探討，不應該變成對過去的執著，並不是一定要改善與某個家人之間的關係，才能夠走出關係不理想的陰影，我們可以努力了解自己過去經歷過的事情，探索自己的內心世界，有意識在每個感覺不被愛的時刻，找到、並且療癒那個受傷的自己。

而家人之間只要分開時想到彼此，還能做到彼此祝福，即使是漸行漸遠的人生，也能默默祝福對方，朝著他自己認爲重要的目標前進，過得平安健康就好了。

不想互相刺傷，就保持距離

沒有人真心的想要傷害對方，或者以對方的痛苦為樂，但就是無法停止對彼此「應該要怎麼生活」的期待，彼此的期待不同，最終變成家庭權力的爭執。

有些人想方設法的改善家庭氣氛，在家族中，也總有些人會自詡是和事佬，只要聽說誰和誰發生衝突，就會想著把雙方都約出來，打個圓場，讓衝突平和落幕。

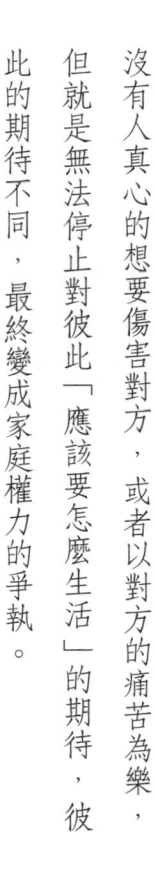

但是到了某個階段，家人之間其實就像是朋友，生活上既然沒有誰依附著誰，無論曾經有過什麼樣的創傷，彼此分開一段時間，才是最好的療傷藥。

比起總是緊密互動，卻像刺蝟那樣一靠近就彼此刺傷，見面時會感到緊張或不自在的人，不如在可以選擇的情況下，少少的見面，短暫的相聚，讓時間有限到沒辦法開口評論彼此，只能表達關心和祝福。

有些人無法停止期望家人，並不是因爲想讓過去的創傷得到安撫，而是因爲他以爲那是「爲家人好」的方式。

就像父母沒辦法停止擔憂孩子，就會期望孩子每件事情都請示父母。也有些是成年子女與父母的關係逆轉，看待父母的生活，總是想要提出「這樣做比較好」的建議。然而從父母或兒女的角度看來，這樣的建議與其說是關心，不如說是沒完沒了的批評。

這些衝突和傷害本質上是一樣的，沒有人眞心的想要傷害對方，或者以對方的痛苦爲樂，但就是無法停止對彼此「應該要怎麼生活」的期待，彼此的期待不同，最終變成家庭權力的爭執。

「他怎麼那麼固執！」這種氣急敗壞的指責，其實就表示我們仍認爲既然彼此是家人、自己又出於好意，對方就應該聽我們的話、做我們認爲更好的選擇。

但只要想到對方也是用這種角度看我們，不能諒解我們爲何堅持提出自己的意見，就會知道正是這種彼此期待，讓原本應該是溫暖和放鬆的家庭，變成人人都急欲逃離的牢籠。

只有其中一方停止期待，放鬆彼此對抗的力道，讓對方不需要再花同樣的力氣做出抵抗或反駁，這種拔河才會眞正停止。

家人之間終究也是各自獨立、朝自己目標前進的個體。

因爲相互期待而產生的拉扯其實都可以消除，只要知道沒有誰一定要聽誰的話，也沒有誰能爲另一個人的人生負責。

彼此都把注意力放在自己的生活、自己的人生目標上，讓彼此都過得自由，就是最大的祝福。

父母所認爲的「愛」，和我們並不相同

我們總以為在乎一段人際關係，就表示我們要付出非常多的心力，發現問題就要努力改善，即使長期相處不睦，也不能輕易放手。

理想中的家庭關係總是無話不談，對外人不能說的話，對家人卻能暢所欲言。我們很希望在家裡能夠不被批判而是單純的被理解和包容，正因爲是家人，所以態度不像外面的人那樣現實冷酷，和家人在一起，總是能夠獲得正面的力量……

這當中有多少是理想而不是現實呢？

我曾經聽一個朋友說，她在爲母親偏心手足而感到難過時，曾經向一個人生前輩聽取建言，以爲會聽到一些改善親子關係的方法，或者是因爲對方和母親的世代接近，也有可能被指責「是妳對母親還不夠孝順」，沒想到對方卻對她說「妳母親就是勢利，就這樣而已」。

我納悶：「聽到這種話會感到安慰嗎？」

她說：「有，很神奇的，眞的有。」

因爲對方接下來是說：「但是我不會建議妳去滿足一個勢利的人，因爲妳沒有這個能力，妳就把自己過好，照顧好自己的健康，照顧好自己的小家庭，把人生顧好，就是對母親的回報了。」

姑且不論他「勢利」的評語是否正確，畢竟每個人對他人的印象都不同，但重點是朋友從他說的這句話得到了明確的指引——**孝順，就是不要再努力想要改善親子關係，把自己的人生過好就好了**。

我們總以爲在乎一段人際關係，就表示我們要付出非常多的心力，發現問題就要努力改善，即使長期相處不睦，也不能輕易放手。

放棄讓關係變得更好的目標，聽起來好像就代表了我們對關係很不重視，很不愛對方，很不孝順或者很不在乎。

但人生走到一個階段應該有的體悟是，**有時候太過努力，就是一種強求**。就像過度執著的愛總是會轉變成恨，因為太愛對方而希望跟對方建立理想中的關係，想要對方接受自己的愛，反而會因為心願無法達成，而轉變為怨恨、無法原諒對方。

妳心中的理想關係，跟對方心中的理想可能根本就不一樣。

就像前述的朋友她很渴望跟母親多說說話，希望母親給她同理和支持，母親遇到問題時她也想給出相同的陪伴，但母親想的是過年的紅包、每個月的孝親費，還有她身為女兒「該有的」聽話和順從。

就這樣，兩個人對於什麼才是母愛，才是女兒對母親該有的孝順，或者說女兒對母親的愛，各自的定義和在心中描繪的理想母女關係，可說是完全不同。

兩種截然不同的想像不可能達成共識，雙方都只想要對方成為自己期待的樣子，質疑對方「妳這樣算是愛我／孝順我嗎？」注定是不斷互相指責和加深痛苦。

就像她會說：「陪妳去看病、陪妳說話難道不是愛嗎？」她的母親也會說：「養妳這麼大，連個孝親費都這麼少，孝順就是讓母親過更好的生活，有什麼不對嗎？」兩方都堅持自己的道理，覺得對方的回應令人失望，像這樣的互動就算再多次也不會什麼結果，因爲那牽涉到個人心中，根深柢固的想法和價值。

越是想強調自己對愛、對孝順的定義才是正確，覺得被指責的那一方，反擊的力道就會更猛。

「不再努力，是不想再彼此傷害了。」朋友這麼說。

既然是眞心的愛也眞正的在乎，就不要爲了**理想中的母女關係**而繼續爭吵和彼此折磨。不如承認她無法做到媽媽想要的那種愛，從媽媽那邊，她也得不到她想要的那種。

兩個不同世界的人放下「彼此滿足」這個不切實際的目標，只要偶爾見面時還能夠和諧相處，不要爭吵，不會痛苦到和對方同處一室都想奪門而出，其實就已經很好了。

「人生最重要的是把自己過好。」這是前輩對她的提醒，人跟人之間再怎麼血濃於水，也是分開獨立的個體，也和其他人際關係一樣，合不來就不能拼命強求。

奇怪的是她這麼一放手，好像相處起來也都平順許多。幾次媽媽打電話來抱怨，她只是淡淡的回應，不去爭論或反駁，以前會引起一陣吵鬧風波，或至少會勾起她一陣心痛的事情，現在也沒那麼嚴重了。

把注意力放在自己的家庭上，她可以從自己做起，嘗試去實現自己心中理想的母愛，而不是徒勞無功的去改變別人。

做一個能夠付出愛的母親，比等待母愛的女兒來的幸福。

當我們從理想人際關係的追求中跳脫，體會到人生最重要的還是把自己過好，就能找到自己真正能夠努力的目標，感受到努力終究能夠帶來什麼的踏實吧。

誰說彼此相愛的家庭一定是和樂融融？

冰冷社會／溫暖家庭的二分法，就是我們心中理想家庭的圖像，我們會以此要求自己，也以這樣的標準來期待家人。

過年時全家人圍著一個火鍋，每個人臉上洋溢著幸福和滿足的微笑……那是我們每個人心中共同的理想，一個「幸福家庭」好像就應該是要那樣。

我是在念了社會學之後，才知道很多想法和願望，其實都是有時代背景的。是因爲農業社會裡大家庭彼此依存的景象不再，每個人都必須作爲一個「個人」，單獨面對社會上殘酷的競爭，所以我們越來越強調家庭應該要是一個「不那麼現實」的避風港，像一個溫暖的堡壘，我們會希望在家庭當中，很多事情都跟出

社會之後是相反的。

比方說出社會就必須要掩飾自己，要符合社會對理想成人、理想男性／女性、理想員工等等的形象，所以我們更渴望在家裡可以「做自己」，不用那麼一板一眼，不用事事遵守角色規範，希望有一些可以偷懶，甚至是賴皮的空間。

一個人出社會的場域不管是學校或職場，總是充滿了競爭的壓力，需要與人較勁、拿自己的條件作爲交換，才能夠獲得資源。

也因此我們更加強調，家應該是一個不用競爭也能夠得到援助的地方，這些援助包括無形的心理支持、溫暖和愛，當然也有些是有形的，像是金錢、物質和人力的幫助。

「家人之間，互助是理所當然的。」許多人這麼說。

還有在社會上，人跟人的來往常常取決於現實的條件，那些擁有較好頭銜和收入的人，會得到更多人友好的態度，雖然基本上是以互惠爲基礎的往來，但總之**我們對社會的理解越是冷酷，對家庭的期待就越是溫暖**。

我們總是認爲，家人之間，不應該是看彼此的頭銜來給予尊重，不是因爲你收入多，對家裡的貢獻多，才對你好。

冰冷社會／溫暖家庭的二分法，就是我們心中理想家庭的圖像，我們會以此要求自己，也以這樣的標準來期待家人。

然而就在不到一個世紀以前，其實家庭還是一個用經濟功能來劃分的單位，結婚是爲了兩個家庭交換不同的資源，女性必須仰賴丈夫才能獲得社會地位，也才能保障生存。

父母生養孩子是爲了增加勞動力，有家業的則是爲了培養繼承人，總之家庭裡不是沒有愛，但更根本的是「爲了生存而形成的社會團體」，這個意義可能更超過了家庭是精神上的支柱。

有些社會裡人的精神支柱是只有宗教呢，歷史上也有很長一段時間，戀愛或男女之情，是不被當作理想婚姻的基礎的。

整理家庭在歷史上的演變只是要說，生於這個時代的我們，會很自然的尋求「家庭是愛的堡壘」這個目標，也很希望自己在家裡是一個付出愛，也得到愛的角色，成年之後，也總是想著琢磨自己的溝通和表達方式，讓原生家庭的父母知道我們是愛他們的。

但是在努力不斷受挫的時候閉上眼睛，或許可以試著想像，自己跳脫了時空的限制從上方俯瞰，我們的價值觀，是這個時代的價值觀，父母的價值觀，又是他們那個時代的價值觀，未來孩子長大以後，隨著社會的變遷，又可能產生新的想法和價值……

那麼我們就會知道，即使是在同一個家庭裡的成員，父母與子女，因爲世代的差異，價值觀也不全然相同。

我們身爲孩子很容易感受到被父母要求時的壓力，但是同樣的，我們對父母也有「家庭神話」的期待，要求他們傾聽我們、無條件的給予我們溫暖，也會對他們造成壓力。

是不是可以放下這些應然的期待，讓對方，也讓自己重獲自由呢？

既然我們都已經成年，一個溫暖而令人安心的棲身之所，那樣的心願，其實是不需要寄託在父母身上，也能夠自己去建立和實現的。

不做等待父愛／母愛的孩子

在自己可以努力的範圍裡盡心的努力，感覺無能為力的，就放手接受遺憾是人生的必然。雖然要做到這點其實並不容易，但是至少值得追求。

如果父母很強調金錢作爲孝順的表達、順從作爲愛的表達，那有他們的時代背景作爲基礎，做子女的沒有辦法跨越時空，去重新形塑父母心中的想法和價值。即使再怎麼希望跨越不同思維框架的限制，讓自然的情感在家人之間流動，一旦雙方對於「愛」有著完全不同的想像，覺得只有自己所定義的，才是「正確的」愛的表達，那**即使彼此相愛，還是很容易變成相怨相恨**。

不被愛的感受可能比被愛還要來的強烈，被束縛、被期望的壓力總是讓人更想要掙脫，當父母年老開始感受到生存的危機，可能更容易因爲這樣的緊張感，唯恐子女不愛自己、不照顧自己，而更想要加強對子女的控制。

相對的，子女作爲年輕的一方，其實是有彈性去調整自己對愛的需求的。如果父母不以自己想要的方式愛自己，那麼可以放下對母愛／父愛的期待，轉換角色在自己的小家庭裡去努力。

如果從父母那得不到渴望的認同，那麼就該提醒自己，自己已經不再是那個等待父母讚賞和喜愛的孩子，不需被動等待，而是主動給自己想要的鼓勵和認同……就像這樣，**讓自己不再是那個等待理想父愛／母愛的孩子**，把焦點放在自己和自己新建立的家庭上，成年之後除了經濟上的獨立以外，這種精神上的切斷和分離，也是重要的獨立過程。

當然人在追尋獨立的時候，難免會覺得痛苦。

忘記是誰說過，不管年紀多大，父母看見我們，就像看見當年，那個事事以父母爲主的年幼的孩子。但是我們也一樣，在面對父母時，也會因爲像個孩子那樣有所期待，而變得脆弱易感。

心理上要和父母劃清界線，以兩個成人的方式平等而保持距離的相處，其實並不容易，也是一輩子的功課。

在努力的過程中可能會有更多的拉扯，但是只要朝著分離而各自獨立的目標，方向正確，其實彼此都會過得更加自由。

• 用相處方式來看，世上沒有不偏心的父母

我曾在心理諮商師鄧惠文的文章裡看過一段，在醫院裡照顧父母的成年子女，到了父母臨終彌留的時候，還忍不住在他耳邊不斷的說：「我是那個誰誰誰，我對你比較好，你知道否？」

姑且不論這是不是牽涉到遺產分配的努力，這個故事主要是在說，渴望父母認同我們、相信我們的愛、說出一句「你真的是好孩子」這種心情，可能到了中年、老年，只要父母還在就無法停止。

人也會因此不斷感到痛苦和寂寞，因爲父母對子女的想法，是否有偏愛，或者自認沒有偏愛，但是對每個子女採取不同的態度，那並不是子女可以去努力和改變的事情。

父母有所謂的「慣用子女」，這也是鄧惠文那篇文章中的用語，就是叫得動、可以使喚的子女。會負責照顧父母、陪伴看病的通常是某一個兒女，但父母是否會因爲這樣而「多愛她一點」，結果總是令慣用子女感到失望。

有個朋友說，他覺得父母好像會按照不同的「功能」來看待子女，像是這個子女負責自己情緒上的需要，所以面對這個兒女時就會比較任性、會遷怒、會亂發脾氣，但是另一個子女負責滿足父母「被需要的需要」，於是父母面對他，就是不斷的提供，幫忙家事、照顧孫子女而從不嫌苦。

怎麼能決定自己要成爲父母心中「哪一個兒女」呢？

就算手心手背都是肉，但人對待手心和手背的方式，畢竟還是不同的。

父母或許覺得自己並沒有偏愛，但是對愛敏感而時時觀察著父母反應的兒女，很容易就可以察覺父母對誰更加包容，在面對更喜歡的兒女時露出更多的笑容而不自覺，在這種時候與其去爭論「你明明就偏心」，還不如把關注的焦點轉回自己。

在與父母的關係上，如果自己是子女當中比較不如意的一方，內心難免會有失落和寂寞，但這種寂寞就跟其他人際關係上的寂寞一樣，是人世間的必然。

很多事情選擇權並不在我們的手上，努力也不能改變他人對我們的想法，因爲是父母，他們對我們的想法和態度，可能更是牢不可破。

如果論起最基本的情感，**或許父母對每個子女都同樣付出了感情，但問起跟哪個子女比較合得來，就一定會有排名順序**。對於這些必然會發生的事情我們越能夠降低期待，想著「排名落後也是有可能的」，說服自己接受比較不被偏好的事實，就越是能減少自己的失望和痛苦。

降低期待不只是爲了和對方建立和諧的關係，也是爲了讓自己放下不能實現的目標，別人（包括父母在內）對我們的喜愛或厭惡，就是這類不是光靠努力就能實現的目標之一。

與人相處我們只能求問心無愧，知道自己是眞心誠意，看淡對方的回應，對於別人怎麼想，是不是回報以同樣的情感，則不能強求太多。

• 只要是「理想」，換個角度就是人生的枷鎖

人總是爲了自己心中的理想不斷努力，覺得只有努力才能過得踏實並且減少遺憾，但是當努力已經到了讓自己痛苦、對方也痛苦的程度時，要明白「理想」也可能是人生的枷鎖。

我們都是追尋著不同理想的人，一個理想的、無話不談的親子關係的模型，套在兩個話不投機的人身上，就只會加深挫折感和痛苦，**今生有緣成爲父母手足，不一定有緣成爲親密的人生夥伴**。

有時候就這樣放下認爲「應然」的目標，讓對方用他想要的方式去扮演家人的角色，自己也降低自我要求的標準，讓彼此自由，這才是眞正的祝福。

只是首先要對抗的，是自己心裡那種面對遺憾就覺得不甘心，覺得難以釋懷，總是想再努力做些什麼的心態。

能夠實現心中的理想，當然會覺得很幸福。不管那理想是理想的家庭樣貌、婚姻關係、還是理想的生活。

但是隨著人生閱歷的累積，我們就會知道，在各個方面都能實現自己理想的人其實非常少，每個人的人生，都有別人看不見的缺角和遺憾。

在自己可以努力的範圍裡盡心的努力，感覺無能爲力的，就放手接受遺憾是人生的必然。雖然要做到這點並不容易，但是至少值得追求，每次放下一點對別人「應該要如此」的期待，就能感覺到自己正一點一點的，放鬆讓自己感到痛苦的束縛。

具體應該怎麼做呢？我們沒有辦法控制自己會有什麼感覺，刻意去壓抑、扭曲自己的情緒也是不自然的。我想那就像失戀一樣，失戀時我們可能會控制不了去聯絡對方、查看對方臉書動態的舉動，但是要眞正走出失戀就是該保持距離、停止接觸，讓自己受傷和失落的情感，在單獨面對自己時好好的宣洩。

不是壓抑而是宣洩，所以假設妳在家庭當中，有一個這樣讓妳牽掛卻又受傷的人，妳要好好讓自己哭，在感到感傷或失落的時候，對自己說話、對想像中的對方說話，毫無保留的體會揪心的痛，但是，就是不要再去「對對方做些或說些什麼」了。

要知道內心的傷痕只有自己可以治癒，但妳要先承認自己已經受傷，不要再勉強自己去努力做些什麼，在雙方共同建立起來的關係中，單方面的努力並沒有意義。

而只要妳不放棄改變對方、改善關係的期待，這種妳努力、對方反擊、妳受傷的戲碼就只會一再重演。

只有當妳容許自己表現出內心的脆弱和疲憊，理解並且接受不完美的現實，對自己說「妳辛苦了，一直以來都這麼努力，真的已經足夠了」。妳才會發現能夠結束這種痛苦的並不是對方，找回平靜的力量就在妳自己心裡，從來都不假外求。

05

姻親之間，緣分不能強求

不要把所有人的認同，當成人生的目標

不要把關係是否良好、相處是否愉快、是不是很主動、很樂意見面或聚會，都當成是自己一個人的責任，在心裡提醒自己：不管是什麼樣的人際關係，都很講緣分。

想要和公婆、小姑、妯娌建立良好關係，可能是女人婚後自然而然會浮現的願望吧。就算說自己沒有那麼在乎，但是感覺到對方並不喜歡自己、甚至是討厭自己的時候，還是容易感到難過、多少有些失落。

但是如果把與這些姻親處得來，獲得喜愛和認同當成人生目標之一的話，不只是注定失望，還會帶來從此失去自由的惡果，因爲人與人之間除了工作上的關係，即使不喜歡也必須配合以外，其他的人際關係，要不要彼此配合，都是每個人主觀的選擇。

妳有可能會不喜歡妳的某些姻親，那是妳的自由。對方也可能就是不喜歡或不認同妳，那也是他的自由。

連原生家庭的家人，都有可能因爲天生不對盤而無法坦誠溝通，相處起來劍拔弩張了，更何況是因爲結婚而形成的家族這種關係呢？

只要想想連原生家庭都很講緣分，就知道所謂的好女人，就一定會是個好媳婦、好妯娌，在新的家族關係中也能過得如魚得水，獲得所有人的欣賞和接納的這種想像，純屬不切實際，可以看淡、輕鬆放下了。

如果妳和公婆、妯娌、或者是其他親戚之間的關係都不錯，那很好，妳很容易可以做到順其自然。但是如果有一項不好，妳更要努力讓自己看開，接受這是有可能發生的事情，讓它順其自然。

不要陷入「這就表示我不夠好」的自我否定，也不要想著「只要我再多努力一點，就可以改變他對我的觀感……」，想想那些喜歡妳，並且眞心接納妳的家人和朋友，對妳是那樣的無所求又充滿善意，妳就會知道，**眞正的好感並不是努力求取而來**，而是自然而然浮現的。

在因爲結婚而形成的人際關係中，只要相處還算是和平，彼此見到面時不至於痛苦，其實就算是不錯了。

不要把關係是否良好、相處是否愉快、是不是很主動、很樂意見面或聚會，都當成是自己一個人的責任，只要是爲了發生在家族裡的事情感到難受、不愉快的時候，就要在心裡提醒自己：不管是什麼樣的人際關係，都很講緣分。

得不到肯定的媳婦 vs. 討人喜歡的女婿

不要讓別人用好媳婦的框架綁死自己，還傻傻以為問題真的出在自己。想要用在姻親面前努力表現來爭取伴侶的認同，即使暫時獲得了對方「做得還不錯」的肯定，自己內心也不會覺得踏實。

朋友跟我說，她曾經因爲一件事情沒有扮演好傳話的角色，讓先生被家人批評「不是一個好女婿」，雖然不是當著夫妻倆的面說，但是輾轉聽到這樣的評論，做太太的還是有些傷心。

覺得自己的先生被誤會，也煩惱著自己家人對另一半的成見太深，沒想到先生卻是一副無所謂的樣子說「那又怎樣，他們不喜歡就不喜歡啊」，被認爲是好女婿或壞女婿對他來說都一樣，在婚姻關係裡根本就不是重點。

和為了做好媳婦而不斷奮鬥的女人相比，男人真的是瀟灑太多了，雖然大家都說結婚就是兩個家庭的結合，但是實際感覺到來自家族的壓力變成雙倍的，還是變成媳婦的女人。

有些女人天天為全家人煮飯洗衣，就算自己有工作，照顧公婆也不假他人，但無論做到多少，都被認為是「媳婦的本分」，而不能算是「特別好的媳婦」。相對的，女婿只要出現在年節聚會，過年包個紅包，偶爾請客一頓就會被讚美是個好女婿了。

所以才有所謂的「小媳婦」一詞，指的就是在一段關係裡委曲求全、忍氣吞聲的人，我們對媳婦的刻板印象就是如此，所謂媳婦的美德，當然也就是忍讓了。

但是看著男人當女婿的樣子，也覺得隨著時代改變，女人沒有必要為了成為好媳婦，而一再的要求自己忍讓。而是該學習男人的輕鬆和坦然，就算別人用媳婦的濾鏡看待我們，也要告訴自己，重要的是婚姻關係，而不是解決所有和姻親之間，可以概括稱為婆媳問題的衝突。

通常婚姻關係好，婆媳問題自然就淡化，不一定消失但至少是變得無足輕重，因爲所謂的姻親關係，也只不過是因婚姻而擴大的人際關係而已。

只是人際關係中的一部分，只要夫妻有共識要維護自己的小家庭，就不會讓這種關係影響甚至危及婚姻。所以無論是媳婦討厭公婆或公婆討厭媳婦，其後果都只是反映婚姻關係的一面鏡子，可以看出夫妻兩人，對於自己家庭和原生家庭的優先順序有沒有共識而已。

• 丈夫和妳沒有共識，才是眞正的問題

許多人和夫家關係緊張，因爲先生總是居中傳話，好聽的不好聽的全部如實轉述給太太知道，還有對於原生家庭的要求，明明是自己不想同意，卻推說「太太不想」，讓家人的矛頭全都指向另一半的結果。

像這樣把原生家庭的壓力轉嫁到太太身上，讓太太爲了改善和姻親的關係焦頭爛

額，自己則過得好像事不關己，就是因爲在婚姻關係中，雙方沒有達成「要優先保護自己家」的共識，提到自己家時，先生心裡想的還是原生家庭，沒有做到經濟或精神上的眞正獨立。

這種精神上與父母的緊密相連，會危及婚姻，因爲他沒有辦法判斷事情的輕重緩急，遇到壓力時沒有辦法以維護自己的小家庭爲優先，而是還仰賴、指望著與原生家庭之間的關係能夠維持不變，不需要面對自己獨立所可能造成的衝突。

如果能知道最重要的是自己這個新成立的家庭，就不會一切以自己父母或手足甚至其他親戚爲優先，當他們批評自己的太太，也就不會只想著要太太改善，爭取原生家庭的好評。

自己的另一半能否獲得原生家庭的認同，對於經濟和精神上獨立的成人來說，根本就不重要，大家能相處和諧、互動親密當然是好事，但是如果不能，結婚後就和父母變成了兩個家庭，兩個家庭之間，其實也可以維持君子之交淡如水的關係。

父母無論是精神上感到寂寞，或生活上需要人照顧，首先指望的都是自己的親生子女而非女婿媳婦，常常是因爲求之不得，又不想傷害親子之間的感情，才將矛頭向外，轉向表面上是家人，內在其實是永遠的外人的子女的伴侶。

所以當公婆或其他姻親和妳的關係緊張，與其想方設法的改善，努力當他們眼中的好媳婦、好大嫂，還不如好好經營自己的婚姻，和伴侶好好溝通取得共識，只要夫妻關係穩固，那些紛爭就會自然落幕了。

相反的，如果伴侶絲毫沒有要從原生家庭獨立的意思，做個再好的媳婦也毫無意義，世界上沒有任何人的人生志願就是要當個好媳婦，不過是爲了維持婚姻的和諧，希望減輕另一半的心理壓力，而努力和姻親維持良好關係而已。

所以並不是媳婦的角色在影響婚姻，影響的方向其實是相反的。

要解決任何的問題，還是要回到**婚姻裡去解決**。不要讓別人用好媳婦的框架綁死自己，還傻傻的以爲問題眞的出在自己。想要用在姻親面前努力表現來爭取伴侶的認同，卽使暫時獲得了對方「做得還不錯」的肯定，自己內心也不會覺得踏實。

因爲他本來應該和妳站在一起，那是你們結婚的初衷，現在卻加入了這個名爲婆家的陪審團，對妳做媳婦的表現貼上「不合格」甚至是「有罪」的標籤。

那會讓妳感到孤立無援，傷害彼此的感情和互信，最終動搖婚姻的基礎。

婆媳問題，是親子之間獨立／放手的拉鋸

所有親子之間的問題都可以「被呈現」為婆媳問題，即使意見不和，他跟自己的父母也可以不用正面衝突，只需要說成是「我老婆跟我媽處不來」，就不需要為了父母的不悅而感到為難或內疚，也不需要想辦法和父母溝通。

其實很多時候，與姻親的問題都是自己和伴侶的問題，是因爲其中一方在結婚的時候，想的就不單單只是兩人之間的婚姻關係，而是他要找一個人進來，替他承擔、解決，他和原生家庭之間的問題。

比方說他受不了父母的管控和約束，可能連父母對子女常有的嘮叨關懷都覺得

煩，所以他想讓爸媽把注意力都轉向媳婦。

父母的心裡也期待媳婦可以代爲向兒子傳話，嘮叨和提問的對象就轉向媳婦了。

有些人是工作忙碌但是下班也不是很想陪爸媽說話，很想做自己的事、有自己的時間，他就說「妳就多幫我陪陪媽媽」、「只是陪他們看一下電視而已」、「希望妳把我爸媽當成自己的家人」……

所以下班後可能太太都只能待在客廳，公婆的注意力轉移到媳婦有沒有幫忙洗碗、對婆婆的手藝有沒有讚不絕口、好奇媳婦的工作如何……然後做兒子的就可以放鬆心情，因爲知道父母對子女那沒完沒了的關切，現在已經轉移目標到媳婦身上去了。

就像這樣，未必是關係多不好或多緊張，就單純是親子之間在獨立和分離的功課上，一方想要掙脫而一方卻不想放手，父母直接叨念兒子，心裡也怕兒子嫌煩，但又渴望有人互動，就剛好可以轉向媳婦，而兒子就藉此逃脫，實現自己想要的「分離」。

所有親子之間的問題都可以「被呈現」爲婆媳問題，卽使意見不和，他跟自己的父母也可以不用正面衝突，只需要說是「我老婆跟我媽處不來」，就不需要爲了父母的不悅而感到爲難或內疚，也不需要想辦法和父母溝通，因爲「是他們處不來，其實我怎樣都可以」。

實際上夫妻並不是連體嬰，就以陪伴父母這件事情來說，沒有回家就一定要帶上老婆的道理，如果自己已經充分陪伴，父母也不會堅持要媳婦來滿足這種心理需求，只是如果只有自己回家，聽爸媽嘮叨會覺得煩，所以一定要老婆一起回去，看到自己爸媽念著老婆，沒有自己的事了，回家還可以對老婆說「妳就聽聽就好不要那麼在意」。

親子之間的分離一直都是個困難的課題，特別是一方正在年老，如果又沒有自己的生活和人生目標的話，會特別希望不要和成年的子女有什麼距離或界線，但成年的一方的狀態正好相反，他會很渴望自己的空間和自由，這時傳統觀念中有個叫做媳婦的角色，就可以讓自己和父母之間因爲分離而產生的緊張衝突，全部都轉移焦點，呈現爲「婆媳問題」。

親子之間的問題多半經年累月，不管是太緊密或太疏離都沉痾已久，媳婦的加入就會被雙方都認爲是個「改變的契機」，但這種想法，對於這個新加入的成員來說，是個沉重而且沒完沒了的壓力。

沒有人結婚時是抱著「我想成爲某人的媳婦／女婿」的念頭才去結婚的。都是希望自己從此是某人的伴侶，所以重點是婚姻而不是對方的家庭。

婚後一旦發現自己要代爲承擔對方與原生家庭的問題，突然變成傳話筒或者要負責緩和氣氛，好像他們親子之間是兩個國家對談時還需要翻譯一樣，一定會覺得「這不是我要的」而感到心情沉重。

這時如果對方又用「愛、責任」這種詞彙來美化、包裝自己轉移焦點的眞相，就會因爲愛對方，不忍心看到對方爲難，或者是「這好像是我的責任，因爲大家都說是我的責任」，而困惑又無奈的承擔起這個任務，但她其實是無法對其負責的。

就算所有人對她寄予厚望，不管表面說得再輕描淡寫，內心深處總是希望她能「代爲做些什麼」，然後她也善良又貼心的承擔起來，也不會帶來任何的改善。

因爲眞正的問題是親子之間，媳婦做爲一個外人，實際上是沒辦法做些什麼的。

世界上沒有不被討厭的人

每個人都站在自己的角度看事情，所以就算妳盡力不去影響他人的利益，站在他人的立場上看，有可能只要他不是利益最大的一方，他對妳的做法就不會感到滿意。

有個朋友跟我說，她因爲跟姻親關係不睦而覺得很難過，很想知道自己究竟做錯了什麼，對方不是冷言冷語，就是大發雷霆。

我看她詳細羅列出的那些細節，一一細數這件事情她是怎麼想的，解釋她爲什麼會那樣做、那樣說，但對方的解讀卻又是完全不同，讓她不只受挫，也有不知如何是好的茫然。

我看了之後眞的很想說，放下吧，眞的只能放下。以前的我會覺得事情有轉圜的餘地，但現在的我越來越覺得有些緣分是命中注定，就連有血緣關係的家人，都未必全都合得來，更何況是沒有血緣關係，也沒有一起成長、經歷許多家庭時光的人呢？

眞正有緣建立良好關係的人，是無論妳怎麼說、怎麼做，都對妳有一種正向的信任，不會那麼動輒得咎的。

有些人，無論妳怎麼調整自己的言行，琢磨要怎麼說、怎麼做，才能讓對方相信妳的善意，對方卻還是很容易被激怒，覺得妳意在言外，講這種話擺明是在諷刺或暗示他什麼。

遇到這種情況就應該知道，對方跟妳合不來，不用再努力下去了。

因爲妳再努力也無法打破他對妳的負面印象，最好的相處方式就是不再努力，把時間留給眞正喜歡妳的人。

因爲性別教育的關係，女性總是特別在意人際關係的圓滿，但是如果一個人努力再三只爲了跟每個人都合得來，這個目標是不切實際、也注定要失敗的。

這個世界上沒有「不被任何人討厭的人」，如果有，那一定是這個人自我感覺太良好，所以選擇性忽略自己被討厭的線索。或者是這個人非常有錢而且地位顯赫，所以所有人都巴不得跟他維持良好關係，當然也不可能表現出討厭或負面的情緒。

但兩者其實都不眞實，眞正的、沒有被任何一個人討厭的人，是不存在這個世界上的。

無論做得再好、再努力、再自認胸懷坦蕩，也有人用不同標準在看，把對方看成心機深沉、骨子裡很壞的人。

沒有人會無聊到與全世界爲敵，但是再怎麼追求和諧，能夠愉快相處的人最多也只有人際圈的九成，最少也會有一成是用不同的眼光看妳，和妳就是不對盤，要不是因爲維持和平能帶來些眼前的利益，很有可能連表面的和平都不做。

但女人卻因爲太在乎自己在別人眼中的評價，擔心這個人討厭我的話，在外面會怎麼說、怎麼做，就執著於如何改善這不到一成的人際關係，反而忽略了自己還有八九成的美好和眞實。

這是一種自己創造出來的不自由，卻也是自己可以放下的枷鎖，只要**放下「別人不應該討厭我」的想法，不去追求做個討人喜歡的女人**，安心的做妳自己，就不會爲了無法達成的目標而白費力氣。

• 不要害怕「被人說壞話」這件事

女人害怕被討厭還有一個原因，就是怕討厭自己的人在外面到處說壞話，會擴大影響到自己與其他人的人際關係。

因爲很清楚知道流言可能把黑的說成白的，一旦流言被太多人相信，自己就會百口莫辯，害怕成爲衆矢之的，所以從一開始就努力打好和別人的關係。

但是現實是，卽使再怎麼隨和好相處的人，也有可能被別人在背後說壞話。

卽使拼命努力，這也是無法控制的事，因爲每個人都有自己的想法和主觀的感受，所以妳不可能做到面面俱到，讓每個人都沒有批評妳的理由。

每個人都是站在自己的角度看事情，所以就算妳盡全力不去影響他人的利益，站在他人的立場上看，有可能只要他不是利益最大的一方，他對妳的做法就不會感到滿意。

再說，每個場合都會有能夠操控別人的人，妳要知道別人附和他，甚至因此一起對妳施壓，也可能是因爲那個人在當下那個場合的影響力，而不是因爲妳個人做錯了什麼。

我們常以爲只要自己問心無愧，時間一長，別人總會知道我們是個好人，最終就會發展出良好的人際關係，特別是在私領域的關係中我們更希望追求和諧，但那種想法還是太過天眞，並不是社會運作的現實。

追求問心無愧是爲了讓自己過得自在，而非在所有人際關係上都能圓滿，只要在少數特別重要的關係上，雙方能夠彼此尊重，維持良好溝通，其實就已足夠了。

接受現實，有些人就是「不喜歡妳」

> 為了改善關係而改變自己，甚至扭曲自己原來的樣子，不只是目標永遠無法達成，還會發現自己放棄的自由，對照其他做自己也依然獲得喜愛的人，是那麼的不值。

或許有人會說，那要任由那些人討厭我嗎？任由他們批評、說壞話，而不去努力加以改變，改善彼此的關係嗎？

如果努力可以帶來改變的話，那確實是值得去做，問題就在於在家庭或更大的家族這樣的關係中，爭取別人認同這件事情，並不像在職場上工作那樣，可以用客觀的成果和共同利益去說服他人。

在私領域裡一切都以主觀的想法和情感做爲基礎，所以妳的努力，常常只會事倍功半。

每個人的心裡都有對別人的期待和想像，當妳以媳婦、妯娌、嫂嫂這樣的角色進入家庭，就像是進入別人想像的框架裡。他對這個角色的期待越少，妳就有越多做自己的空間，但是期待越多，妳就越難跳脫，也不可能做到令人滿意。

「只要妳……人家就不會這樣對妳」，這種說法就像誘餌，讓妳以爲只要滿足對方對這個角色的期待，完成了他說希望妳去做的事情，就能改善跟他之間的關係。

然而這就是一個最大的陷阱，一旦掉進去，就只能在對方的控制下不得自由。

爲什麼會如此，我想是因爲眞正喜歡妳的人，其實就是喜歡妳原本的樣子。妳什麼都不做他也覺得好，覺得妳沒什麼不對，但如果天生不對盤，或者因爲妳的角色比方說媳婦、妯娌、姑嫂，原本就讓他感到壓力，那麼即使妳照他的話去做，妳還是一樣「不討人喜歡」。

那些說著「妳改掉妳那個樣子就好了」、「妳不要……就不會這樣」，說著一個好媳婦、好妯娌、好姑嫂就應該怎樣怎樣的人，常常只是想把關係不好的責任單方面推給妳，好像只要妳配合，他就會改變自己不友善的態度，開始變得喜歡妳並且給予認同。

而那就算不是刻意的謊言，也是一種自欺欺人，眞相是妳再怎麼努力，也不可能改變天生不對盤，或者原本就有情感或利益衝突的角色關係。

就像我們在交朋友的時候，也會覺得友誼有時候很難解釋，有些人我們就是無法喜歡，有些人我們就是喜歡。

而妳婚後和伴侶家族的連結，其實也是進入一段類似友誼的關係，**不管妳是媳婦、妯娌，還是姑嫂，對方喜歡妳就是喜歡，不喜歡就是不喜歡。**

這種想法用來看待與姻親的關係可能是嶄新的，因爲身爲女性，一定會一直聽到「那妳要不要……或許就會好了？」的各種建議，有時就連自己的父母，都會因爲希望妳在別人家「做個好媳婦」而要求妳不斷「改善自己」，澈底否認問題出在對方身上的可能性。

因爲在傳統文化上，無論女兒或媳婦或妻子，女人的美德被認定是配合和順從，即使自稱開明的父母也未必能夠澈底擺脫這種想法，所以當他聽到妳和婆家某些人關係不睦，第一時間就會想到妳要「反省妳自己」。

就像和父母發生衝突時，父母也會認爲錯在子女，這種在家庭中上對下就是牢不可破的威權主義的思想，在兒女結婚時，無論自己是扮演公婆或岳父母，或者是看待自己兒女和親家之間的關係，都會很難做到「鼓勵孩子做原本的自己」。

所以妳要給自己做自己的力量，那力量未必是來自父母，只有相信自己的判斷，才能在關係不如人意時，爲自己的努力設立停損點，告訴自己做到這裡適可而止。爲了改善關係而改變自己，甚至扭曲自己原來的樣子，不只是目標永遠無法達成，還會發現自己放棄的自由，對照起其他做自己也依然獲得喜愛的人，是那麼的不值。

要知道喜歡妳的人就是欣賞妳原本的樣子，一個就是不喜歡妳的人，不值得妳不斷的努力。

婆婆討厭的是她自己的生活，而不是妳

她討厭的是「成為婆婆」的這件事情，討厭在兒子的人生中屈居第二，換言之她討厭的是她自己現在的人生階段和生活，但內心深處未必能夠承認這件事實。

現實中立場的差異，比方說對方是妳的婆婆、小姑、妯娌或同事，可能讓她從一開始就已經戴上了有色眼鏡看妳，當中可能投射了她自己無法達成的心願、遺憾和怨懟，或者因爲生存競爭而緊張的情緒，讓她對妳就是沒有好感，是妳再努力也無法改變的。

就像有些人苦惱於如何討好婆婆，希望婆婆不要總是對丈夫說自己壞話，或者一副可憐的樣子好像自己是個虐待公婆的惡媳，於是送禮、陪聊、花大錢吃大餐或旅

遊，一切以婆婆為優先，只希望婆婆能夠開心。

但這樣的努力卻不只是徒勞，還可能帶來反效果，婆婆對每件事情都有嫌棄的理由，什麼都可以解釋成媳婦的不貼心甚至是惡意，同樣的事情小姑或者是小叔做起來就是很孝順很令人感動，媳婦來做就是別有居心。

遇到這種情況很難不沮喪吧，會想自己究竟是做錯了什麼，但是這樣的提問本身就錯過了關係惡劣的關鍵，真正的關鍵不在於妳是誰、妳做了什麼、或是妳的個性，而是——**妳是她的媳婦**的這項事實。

就像在職場上競爭同一個職位的人，已經注定了彼此是敵人的宿命，對於無法接受兒子結婚、生活以另一個女人為中心的婆婆來說，她的排斥和對妳的負面評價，從一開始就跟妳本人毫無關係。

她討厭的是「成為婆婆」的這件事情，討厭在兒子的人生中屈居第二，換言之她討厭的是她自己現在的人生階段和生活，但內心深處未必能夠承認這件事實。

只能把這樣的情緒投射到妳的身上，對自己、也對他人都自欺欺人，想要強調自己「很高興兒子結婚，但是這個媳婦實在不討喜」。

妳如果不能察覺她內心的矛盾，而是把她所有表面的說法當作是事實，就會為了成為她心中討喜的媳婦而忙碌不已，還注定白費力氣。

人際關係總是雙向的，妳可以選擇付出善意，對方也可以選擇要不要以善意回應妳。而那關係到對方的品格、想法、價值觀以及性格的成熟度，既然跟妳的努力無關，妳就不需要因此為難自己。

所以在婚後的人際關係上，如果妳已經盡力，卻總是感覺到關係不如預期，不如就隨風去吧。比起某些注定會勾起對方心中的矛盾，因此不可能由妳來改善的人際關係，那些總是相信妳的善良，會在妳需要時伸手援助，給妳一個擁抱或理解的目光的人，才是妳眞的需要去珍惜的。

06

婚姻，一種不自由的幸福

已婚者尋求答案的過程

在婚姻裡所有美好的想像都難以維繫，我們會看見自己和對方的極限，無論再怎麼強調自己想對對方好、想給對方幸福，還是有更多時候，我們是希望對方讓我們過得幸福快樂，只要對方做不到，就產生怨懟和痛苦。

朋友看完《在婚姻裡孤獨》之後，叫我要寫一本書勸世，主旨就是要女人不要結婚，才能實現更多個人自由。

但我卻覺得這樣的書已經很多，因爲單身的自由其實是不言自明，反而是越來越多人懷疑婚姻的意義，特別是身處婚姻中的人，總是一邊問著自己「我到底爲什麼要結婚？」一邊往前走。

婚姻是對個人自由的限制，所以我們其實是一直在問著自己「是什麼讓我放下自由？難道在人生中，還有什麼比自由更可貴的嗎？」一邊努力去找到自己的答案。最一開始的理由當然是因爲愛。結婚，是因爲想要和相愛的人一起生活，所以很自然的，當愛的感覺在生活中起起伏伏，就會覺得自己當時的決定令人困惑。

已婚者總愛說婚姻是一種修行，不只是考驗個人修養和 EQ，更多的是因爲和另一個人的共同生活，不只是對自由的縮限，也會逼著妳去面對關係的緊張和衝突。因爲沒辦法輕易從關係中撤退，所以也不得不去看見自己和對方眞實的樣子。

在婚姻裡所有美好的想像都難以維繫，所以這樣的修行自然有苦，我們會看見自己和對方的極限，無論再怎麼強調自己想對對方好、想給對方幸福，還有更多時候，我們是希望對方讓我們過得幸福快樂，只要一做不到，就產生怨懟和痛苦。這樣的矛盾讓我們對自己和對方都不再有美好的想像，只能承認自己是一個凡人，和另一個同樣平凡的人正在學習相處。

如果能以這樣的認知爲基礎，務實的去做選擇的話，其實可以爲接下來的人生，做出更適合自己的選擇。因爲關係的壓力讓我們都更了解自己，也更了解對方。

從這個角度來看，婚姻這種不自由，也對未來是否能實現眞正的自由有所幫助，因爲盲目的去追尋別人認爲好的目標並不是眞正的自由，眞正的自由總是必須在了解自己之後，用勇氣和決心去做出「自己認爲適合的選擇」。

只是一定會有人對這樣的說法感到困惑，婚姻眞能讓接下來的人生更自由嗎？特別是身爲女人，婚姻不僅僅表示妳成爲妻子，還包括成爲某個家庭的媳婦、孩子的母親、已婚的女兒，女人總是覺得自己已經踏入了一個牢籠，感受不到重獲自由的可能。

進入婚姻，就是接下了那些被認爲專屬於女性的角色，而且這所有的角色劇本都強調著付出與犧牲，以抹煞個人的存在，來成就群體的價值。

怎麼不讓人們對這些角色的刻板印象，變成我們生活的全部，讓伴侶承認我們的自由意志，並且願意支持我們的選擇，我想這就是婚姻被視爲修行，是用來磨練智慧的理由了吧。

• 停止自苦，就是一種自由

人沒有辦法從別人的經驗中學習，所以如果不是自己結婚，體會過結婚造成的種種矛盾和壓力，即使婚姻的故事聽得再多，也很難眞正體會到爲什麼婚姻是圍城。裡面的人想出去，外面的人想進來。因爲自由和安全的感受就是透過婚姻這道圍牆在不斷交換，婚姻中的人有可能感到安全，被視爲已婚者也有助於擺脫社會對單身的種種汙名，卻也深刻感受到安全裡的不自由，還有在某些情況下，在婚姻裡也會感受到孤立無助。

我在思考什麼是在婚姻裡可以實現的自由，當然首先要排除那些活得像單身一樣、不需要遵守承諾的「不可能實現的自由」，然後我發現其實最簡單、卻也同樣不容易實現的是「停止自苦」，在婚姻中，我們會因爲許許多多對婚姻錯誤的想像和預設，不斷彼此傷害和作繭自縛。

社會對於理想婚姻的描述，其實讓許多人帶著誤解走進婚姻，以這樣的誤解爲基礎，不可能實現眞實的幸福。

這些誤解包括了：好的婚姻就是找到一個靈魂伴侶、世界上有所謂天造地設的一對、和「對的人」在一起就不會感到失去自由、對方是比自己還了解自己的人……這些都是虛構而並非現實，因爲從一開始，婚姻就是兩個獨立的個體承諾要彼此約束，目標是建立雙方都可以接受的生活，以讓出一部分的個人自由爲基礎。

而能夠接近這個目標多少，關鍵在於我們能放下多少不切實際的期待，用正確的方式看待婚姻，學習和另一個人溝通和相處。

在婚姻裡停止自苦，就是一種自由。對自己說從此不再用社會的、世俗的、理想的愛情神話來看待婚姻、也不再用靈魂伴侶的想像束縛彼此。然後就會發現正是這些人們告訴妳要在婚姻裡追求的目標，一旦沒有實現這些，就表示妳愛錯了人、做了錯誤的選擇的事情，是這些社會的「集體想像」在讓妳受苦。

溝通，要先了解眞實的自己

因為知道自己想要什麼和做不到什麼，誠實的表達自己的極限，坦率的讓對方知道，所以不會在不知不覺中，為了保護自己而迂迴的指責了對方。

再怎麼理想的婚姻，當中還是會有痛苦。特別是在兩人爭吵過後，並不會像偶像劇演的那樣，因爲誤會解開而彼此擁抱和解，反而是因爲隔天還要上班、小孩還在睡覺等等現實的理由，懷抱著對彼此的不諒解和滿腹委屈，在同一張床上背過身各自睡去。

人總是會在那時候特別懷疑自己結婚的意義，放下單身的自由，難道就只爲了和不理解自己、還說話傷害自己的人生活在一起？

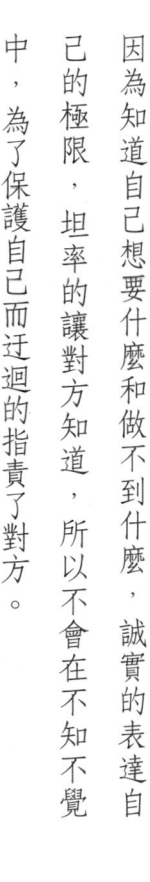

但是又無法回頭取消這個決定，在那個時候湧上的後悔、自我懷疑、不被愛的感傷等等的感受，就像一個黑色漩渦把情緒拉到谷底。

婚後我也有過那樣的時刻，應該說每個人的婚姻，或多或少都有那樣的時候，但是等我冷靜下來恢復理性，總是會很慶幸自己沒有在那時，因爲情緒低落而口不擇言的說出傷害對方的話語。

卽使自認爲是因爲對方的冷漠或誤解而受傷，吵架後隔天冷靜的思考，總會發現有些傷害與其說是對方單方面的造成，不如說雙方都在火上加油。

開口的時候並不想造成傷害、也不預期會受到對方的反擊，但基於某些原因，**兩個人的溝通就像是透過了一層扭曲的稜鏡，不管是好意的、求助的、脆弱的訊息，傳達出去就變成夾刀帶棍的指控。**

我在結婚後才逐漸領悟，原來眞正的溝通，並不是像所謂的溝通專家所說的，要把握一些能夠操控人心、取得共識的技巧，所以也不是像人家說的，女人就是要會撒嬌、聰明的女人嘴甜。

如果天生不會撒嬌的人做這種事情，只會讓人覺得心機深重，對於刻意的撒嬌只會產生防衛心，覺得「妳現在又想做什麼？」

善於溝通的人是足夠了解自己的人，而且因爲接受自己，不會畏懼去表現自己眞實的樣子。

因爲知道自己想要什麼和做不到什麼，誠實的表達自己的極限，坦率的讓對方知道，所以不會在不知不覺中，爲了保護自己而迂迴的指責了對方。

說話的主詞必須是自己，要說「我的想法是……」、「我覺得……」，而不是「你爲什麼這麼做」，所以一開始就是要先了解自己，思考自己開啓對話時，究竟想向對方傳達什麼。

當溝通無效，就要檢查自己是不是因爲無法坦率的向對方傳達，不敢向對方說「我覺得……」，所以變得拐彎抹角或者旁敲側擊。

兩個人溝通的立足點必須是平等的，如果像某些溝通專家所說，首先要了解對方想要什麼，像丟出誘餌那樣提出條件交換，或者是把握對方情緒脆弱、無法好好思考的時候，達成說服對方的目的，就會把溝通降級成一種對人的操作和利用。

在親密關係中，這就是一種不尊重對方，所以貶低對方、控制對方的暗示。

沒有人想要屈居下風成爲被控制的一方，所以抱持著這種錯誤的信念，溝通就注定了沒有效果。溝通其實是要先自我認識，並且用同樣平等的態度去認識對方，告訴自己「我有我的想法，對方也會有」，才能知道是什麼事情形成阻礙，讓彼此在自認爲相愛也彼此信任的人面前，還是無法表現出眞實的自我。

內心脆弱時我們特別會武裝自己，用僞裝的強悍去跟對方相處，自認爲想說的話都說得清楚明白，其實當下的語氣、表情、態度，都已經注定了對方不會聽懂。

比方說明明想說的是「我很累，很想要坐下來休息」，說出口的卻是「你沒看到我在忙嗎？爲什麼還坐著不動？」我們對其他人可能會說「可不可以幫我這個忙」，回到家裡面對另一半，卻一開始就說「你爲什麼都不幫我！」

如果能發現自己在日常生活的對話中，有多少這種眞心和態度上的落差，還不切實際的期待對方能自動過濾掉那些，讓對話聽來凶狠的雜質，讀懂我們的脆弱，就會知道這種溝通無效的失望和挫折，從一開始就是自苦。

我們陷入自己設下的困境，在沒有必要開戰的時刻點燃戰火，用一把雙面刃去傷害彼此甚至危及關係，還以爲自己的問題是一開始就愛錯了人。

認清婚姻和家庭的現實

被幫助時可能會覺得，「家人之間，一點小事幹嘛還說謝謝」，但一旦是自己為對方做些什麼，對方沒有任何表示而是理所當然的接受時，就會覺得這種態度非常的冷漠。

曾經看過一本兩性專家寫的書，書中建議女人「在家，要像在職場工作那樣的努力」，原文忘記了但大意應該是如此，比方說把公婆看成職場的上司，丈夫看成同事，在職場上我們會隨時注意的像是要時常面帶笑容、有禮貌的應對進退、要用對方聽得懂、不冒犯尊嚴的方式和對方溝通⋯⋯在家裡都要比照辦理——只有這樣才能獲得幸福。

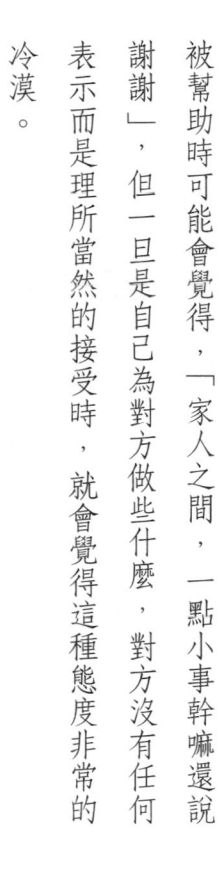

因爲手邊沒有書，忘記了作者有沒有說得這麼斬釘截鐵，但作爲一本開宗明義要分享怎麼在婚後過的幸福的書，我記得大意確實是如此。

還記得看完之後那種覺得有道理，卻又不想完全認同的心情，因爲對我們來說，我猜無論是男人還是女人，都不會希望上班在職場，下班是回到另一個職場吧。

而經過這幾年婚姻生活的歷練，特別是在這段時間有了兩個孩子，我重新想起這個作家所強調的重點，突然覺得好像沒那麼排斥了。

好像終於理解了爲什麼她會這樣說，因爲我也察覺，一旦我們有了「家庭和職場應該要不一樣」的既定印象，把兩者的差異越是強化，就越有可能把自己的「努力」，用在錯誤的方向上。

我們時常覺得家庭應該要跟職場不一樣，這個不一樣，就是我們預設家庭應該要很能放鬆心情，不需要那麼多繁文縟節甚至是禮貌，家人之間的對話相處，也不應該像在職場面對同事或主管那樣，需要時常去考量「部門的目標是什麼」、「和對方的共同利益在哪裡」、「怎麼說，才能夠不傷害對方尊嚴的表達自己意見」等等。

但是已婚者總是會發現，如果這些事情能夠做到，把這些考量時常放在心上，其實家庭關係會和諧很多。

比方說最簡單的，對家人講話多點禮貌，不要因爲預設了「在家就是要放鬆」而從來不說請、謝謝、對不起。

沒有這些詞彙反而是親暱易生侮慢，不管是自己還是對方，就算只是幫家人遞雙筷子這樣的事情，能從接受方那邊得到一句「謝謝」，那做這件事的人心情就會完全不同。

一旦養成習慣，這樣說話其實並不會增加壓力，反而能提升家人之間互相幫助的意願，如果是一句謝謝都沒有的情況，反而會讓彼此都不太想幫忙對方。

被幫助時可能會覺得，「家人之間，一點小事幹嘛還說謝謝」，但一旦是自己爲對方做些什麼，對方沒有任何表示而是理所當然的接受時，就會覺得這種態度非常冷漠。

沒有人想要一直被視爲理所當然，即使自己是自願而且樂意，像是每天切水果給全家吃這種事情，要是從來沒有聽過一聲謝謝，還是會覺得「難道你們是大爺而我是外傭嗎？」

這並不能用「我們家沒有互相道謝的文化」就能圓滿收場，總是默默付出的一方，一開始只是期待一句謝謝，表示對方接收到了自己的好意，在一次次的失望下，就會在壓抑到無法再壓抑的時候，爆發出「我不想再爲你們做什麼了」的憤怒和怨懟。

突然被這樣指控的人也會覺得不滿。「平常也沒人叫妳做那麼多，想要人家感謝就不要做！」就這樣，原本一句謝謝就可以皆大歡喜的事情，會變成爭吵的導火線。

如果沒有意識到問題的起源是這樣根本的一件小事，很有可能會演變成「誰爲這個家庭付出多」這種沒有意義的比較和競爭，兩個人都強調自己才是那個默默付出的人，卻沒想過**即使在這種吵架中吵贏了，也沒有人會因此感到幸福**。

如果在家庭當中，也能像在職場那樣，對同事遞來一支原子筆也不忘說聲「謝謝」，自然而然的做到禮貌，家人間的關係反而會比較和諧，也因爲付出和接收的雙方有良好的互動，說謝謝已經是默契了，反而不會覺得這是很麻煩的事情，沒有人在心裡壓抑著不滿，家庭氣氛，會比從來不說謝謝的家庭還要更加放鬆吧。

男人和女人都一樣，只要不是存心想藉婚姻獲得人力和財力的資源，而是抱著誠意和對方共組家庭，就會希望對方對自己的付出有所表示，與其說希望對方做出實際上的回報，**不如說希望對方「因爲我的付出而感到幸福」**。

無論自己是努力工作給家人更好的生活，還是打掃做飯，給家人更好的生活環境，還是在有孩子之後放下一部分的工作，給孩子更好的照顧……

這些都是無法用金錢來量化的付出，而對方如果能接收到自己的心意，說一句謝謝或「幸虧有妳」，就能讓人獲得成就感，還有繼續堅持的動力。

當妳說「這不是我要的生活」

我在幾次溝通未果後逐漸學會，溝通時，不要期望對方能多麼善體人意，也不要想像「只要他愛我、關心我、在乎我，就一定會懂」，而是把這些預設都放下，接受另一個更符合現實的預設：「他不是我，所以他一定不懂」。

朋友跟我說，她和先生吵架時脫口說出，「這不是我想要的生活。」結果先生冷回她「一切都是妳自己的選擇」。讓她覺得先生一點都不懂得她的心情，心裡更加難過。

同爲女人，其實可以理解這句話背後的意思，女人在結婚有小孩之後，會特別感受到角色的束縛，原有的人際關係會突然變得緊張，本來可以小夫妻自己度過周末，現在可能每周都要回公婆家讓他們看小孩一次、長輩會想要插手孩子的教養、孩子還小需要母親勞心勞力、重回職場的路又充滿崎嶇。

男人即使有了小孩，旁人看待他們的方式也不會有太大改變，只要工作賺錢回家，就能被認爲有盡到家庭責任，所以對他們來說，身爲女人的壓力是他們難以理解，當然也沒有興趣去理解的。

「這不是我要的生活」，雖然聽起來像是抱怨，但也是在陳述事實。畢竟很少女人會覺得，成爲母親後對性別不平等的深刻體會，種種不如意的事情，是「自己想要的生活」吧。

但是聽在丈夫耳裡，這種決定了就不能回頭的事情，說了也是白說，女性的社會壓力，又不是他所造成，對方卻像是意有所指，在暗示「我後悔跟你結婚！」當然也會被傷到自尊，反擊對方「妳才是根本不了解我的辛苦」。

就這樣兩個人都覺得錯在對方，是對方不理解自己、不夠體諒，很自然的原本要提出來商討的問題根本沒有解決，只是對彼此的感情產生懷疑，然後帶著各自的心傷睡去。

就像先前所說的，我們在情緒脆弱時，特別容易陷入表達自我的困難，「這不是我要的生活」這句話的訊息量太大，給了對方各種負面解讀的可能，也因此對方不可能善意回應「那什麼是妳想要的生活呢？我能爲妳做什麼呢？」而只會覺得被這句話的暗示「我不該跟你結婚」所傷害，很自然的也做出反擊了。

•把重點放在「如何解決問題」

女人時常煩惱，該怎麼讓對方懂得自己的辛苦，怎麼讓對方有同理心一點，特別是在成爲母親之後，有太多只有女人才會遇到的困難，如何讓對方知道自己的煩惱而共同解決問題，或至少願意傾聽自己，就是夫妻相處時重要的課題。

但是我卻在好幾次尋求理解中碰壁，困擾著無論怎麼說，都被對方視爲抱怨而受到反擊之後，把自己放在對方的立場上思考，才發現或許是因爲我思考上的盲點，才會產生這種雙方都不樂意的結果。

這個盲點就是覺得需要對方的「懂」，需要對方有同樣的感受，才能解決問題。但是懂不懂和問題本身是兩件事，如果把目標放在解決問題，其實可以直接針對這點去溝通，而不一定要對方懂問題的來源，或者體會過同樣的困境。

每個人的生活經驗都只屬於自己。我們不可能讓另一個人來經驗自己的生活，而且毫無落差的和我們有相同的體會。

就連同樣是女性，也同樣身為母親，女性之間的相互理解，也一定有所限制，因為每個人生活的各種滋味，本來就是冷暖自知。

希望對方懂，是希望對方一起解決問題，覺得自己獨力承擔已經到了極限，也可能是希望得到對方的鼓勵和安慰，希望自己為家庭的付出，對方不要只是理所當然的接受。

在絮絮叨叨的說著自己的忙碌和辛苦，帶小孩或重回職場所遭遇到的各種挫折時，背後其實是希望對方聽到後會說：「這樣啊，妳真的辛苦了。我能夠為妳做些什麼？」

所以在被對方回答「要人家感謝就不要做！」的時候，覺得遭遇到意外的反擊，而更感到挫折和受傷。

想著「可是我也不是要你的『感謝』而是……」在這種時候會感到詞窮，覺得被對方誤解卻又不知道如何解釋，轉而開始抱怨對方「爲什麼就是聽不懂」，其實是因爲從一開始，就沒有誠實說出自己的心情和想法，而是希望自己「話只要說到這裡」，對方就可以理解的結果。

明明希望對方能共同解決問題，或者至少給出一些正面回應，有這麼明確的目標卻沒有明確的說出來，只說出了自己的困境和不斷付出的辛勞。始終沒有說出「所以我希望你……」的女人，在對方聽起來，當然就只是沒有意義的抱怨而已。

我在幾次溝通未果後逐漸學會，溝通時，不要期望對方能多麼善體人意，也不要想像「只要他愛我、關心我、在乎我，就一定會懂」，而是把這些預設都放下，接受另一個更符合現實的預設，「他不是我，所以他一定不懂」。

然後去思考自己想讓他懂究竟是爲了什麼，是需要他幫忙、要他改善生活習慣、還是希望他有一點鼓勵和安慰的態度，就爲了這個目標，要提出明確的要求。

懂不懂只是一個條件，被認爲至關重要，實際上卻未必那麼重要的條件，因爲眞正重要的是能不能得到期待的回應，對方因爲接收到自己的需要，而願意共同解決自己所提出的問題。

「爲什麼你就是不懂」、「這不是我要的人生」……像這樣的話只會讓對方關上心門，很快就會回擊「那妳也不懂我在外面工作的辛苦、不懂我做爸爸的辛苦、不懂我在父母和太太之間做夾心餅乾的辛苦、這也不是我要的人生……」而更不想要去理解妻子的困境。

其實任何人都一樣，**沒有人能在被指責的時候，聽得進任何提醒和要求**。檢查自己脫口而出的話是不是有指責對方的暗示，並不是爲了找到更能控制對方心情的話語，而是要去發現，**自己說的話原來是這樣不符合自己眞實的心情**。

只要發現這點，就要有意識的提醒自己把話說完整，而且要符合自己的眞心，比方說當自己是脆弱的，就要坦承自己的脆弱；是疲憊的，就直接說自己很疲憊所以需要什麼。這不是什麼溝通的技巧，只是做到「對彼此誠實」。

我在習慣這樣跟對方溝通之後，回頭去看過去的日記，都會驚訝於以前那麼常覺得對方不愛自己，明明現在的我們需要溝通的事情更多，生活的壓力也更大，卻很少有那樣的感覺。我想就是因爲在對話的時候，我們已經習慣了不對對方抱持著「你應該要懂」的期待，所以懂得把重點放在明確的表達自己。

懂＝愛，是一種錯覺

為什麼不願意去思考有一種可能性，就是他並不懂我，

但是並不是不愛我呢？

女人總是有一種期盼，希望對方主動說出自己想聽的話、主動去做自己希望他做的事，把重點放在**主動**，於是很不願意自己提出要求。

「如果他眞的愛我，應該知道我需要什麼吧。」

「如果是眞的關心，應該看得出我很累吧。」

「如果不是因爲冷漠，應該不會看我這麼辛苦，還動也不動的坐在那裡吧……」

女人會期待相愛的兩人能夠有一種默契，是不需要多做解釋或溝通，「對方也能夠懂我」。更何況有了孩子之後的疲憊和挫折，有時根本就毫無掩飾的寫在臉上，

「都跟他說我整晚顧小孩完全沒睡了，他應該聽得懂我很累、很需要休息吧。」

遺憾的是對男人來說，這是兩件事情，即使妳一臉的滄桑，告訴他自己多累多晚睡孩子又多令人折磨，只要妳沒有明確說出「所以我需要你去做……」，或者「所以我今天不煮飯了希望你去買……回來」他可能根本就不知道妳前面說一大段是要做什麼。

期待他主動說出「那我來做」或者是「那妳好好休息」，甚至只是「這樣啊，妳辛苦了」，幾乎是不可能的事。

對女人來說自己表達的非常清楚明確，但對男人來說就是這樣令人一知半解。而非常現實甚至可說是殘酷的事實是，只要過了戀愛和追求的階段，他就不想再努力去猜測——妳說的話到底代表什麼。

很令人挫折，但是我卻想，如果能在自己心裡先有這樣的理解，在開口前先多演練幾遍，自我要求一定要把話說完，**不要去期待男人會猜測妳的心意**，可能失望會減輕許多。

然而要這麼做，首先還得先破除內心的魔障才可以。

對女人來說的魔障，就是在心裡總是有一個懂＝愛的公式，於是每一次當伴侶的回答不如預期，甚至讓自己感到受傷時，就會驚訝的想著「他是不是不愛我，否則怎麼可能『不懂我』到這樣的程度。」

——都講過這麼多次了應該要懂我的心情。

——都在一起這麼久了應該知道我不喜歡什麼。

因爲這樣想，所以每次當對方說出讓自己出乎意料的話，買來自己一點都不喜歡的禮物時，就會覺得你到底有沒有在用心跟我相處，有沒有眞心的關心我。

就是不愛或者不夠愛，才會什麼事情都要我這樣一說再說，說了還是不懂吧。

雖然沒有這樣明確的說，但這幾乎就是女人的心聲，只是在結婚幾年之後我終於能夠想明白，從一開始，懂＝愛的公式，就是自我爲難的。

會這麼想是因爲我認識的人也多了，觀察的夫妻人數也多了，我開始發現那些眞的很懂女人、很懂另一半想要什麼、想聽什麼的人，未必就是比較愛對方，甚至可以說很多時候，只是單純的，比較懂女人心而已。

因爲很懂得女人心，所以能夠輕易說出女人想聽的話，在很累的時候給予擁抱和安慰，說出「放心，我會更努力不讓你這麼辛苦的」等等……

並不是說說出這種話的人都沒有眞心誠意，而是說「比較會說這種話」，跟「比較愛太太」根本就是兩回事。

我看過非常會哄女人，婚後也非常會哄太太的男人，家事是太太做、薪水是太太多、教養是太太負責，但是，就是因爲每一次太太說些什麼，他都能回應些溫柔體貼的好話，所以太太也心甘情願，不去注意到在生活當中，其實所有重責大任都是她一個人在扛的。

只要自己覺得幸福，就是一種幸福，所以我們旁觀者也不覺得有什麼不好，舉這個例子只是要說，在溝通之前，或許女人是該捫心自問，所謂的「希望對方懂」，究竟是希望對方對自己說些溫柔的好話，還是希望對方懂了，做些正確的事情。

如果是後者的話，根本不需要在意對方懂不懂自己的辛勞，只要思考怎麼說，兩個人可以一起討論如何解決問題、達成目的就好了。

●可以停止的自傷自憐

問題就在於追求對方懂的女人，可能一開始在聽到對方不如預期的回應之後，就陷入了「不懂我＝不愛我」的自傷自憐，或者是委屈憤怒的無限迴圈，而無法冷靜的再去思考下一個步驟。

我以前也非常在乎對方懂不懂我。想到他竟然不懂我到這種程度就覺得難過，總覺得自己表達的非常清楚，對方卻是一臉的冷漠或憤怒，明明受傷的人是我啊……我心裡總是這樣想著。

直到有一次，因爲我哭著說「你根本不懂陪孩子睡的辛苦！」先生憤怒的把孩子抱去哄睡，不願意讓爸爸陪的孩子大哭，我也在客廳裡大哭，這亂七八糟的一夜過去後，我重新回想、努力客觀的反省自己，才有所覺悟的對自己說，「以後，我不會再指責對方不懂我了。」

「我就是不懂，所以妳要我做什麼妳說啊！」

不擅長說些溫言軟語的先生，當時是這麼說的。

這句話對我有如當頭棒喝，**爲什麼總是覺得對方如果愛我，就應該懂我呢？**

爲什麼不願意去思考有一種可能性，就是他並不懂我，但是並不是不愛我呢？

因爲不懂而一直犯錯，因爲不知道太太是在求助所以什麼都不做，一直犯下這種無心之過的伴侶，可能也覺得工作完下班回家也很累了，妳可不可以講話不要拐彎抹角，不管是不想要煮飯還是要我現在去照顧孩子，就直接說就好了……

對於不像女性那樣，從小被要求要會察言觀色、要注意氣氛、要追求關係和諧的男性來說，他並沒有女人那種不用特別啓動，也總是關不掉的情緒雷達。

那個雷達會讓女人很容易察覺到身邊的人的情緒，也會自我要求去猜測對方是不是有什麼需要，好處是讓女人在待人處事上比較細心，壞處就是女人也很容易自我究責，覺得好像總有義務要爲別人的心情做些什麼，而把自己累得半死。

但男性顯然是走另一個極端，從小就是媽媽在廚房裡忙，他可以不受指責的做自己的事（想想看如果是女兒，媽媽早就說「快來幫忙」了），所以婚後很自然的，他也是要有口令才有動作。

如果妳不明確告訴他「我要什麼」，而是只說了自己的狀況、情緒，或許磨合過一段時間、而且雙方都有意識的想要改善婚姻關係的夫妻，會逐漸明白對方這麼說是因爲背後還有需求，但那不是所有男人都會自己想到的事。

我從那之後時常思考自己說的話對另一半來說究竟「好不好懂」，後來發現和女性朋友講的話，和另一半確實要有所不同。

和女性朋友聊天時，彼此會根據許多非語言的訊息，像是表情、動作、語氣等等，八九不離十的猜中對方的狀態，但和男人相處時除非他對妳有意思，否則他可能是頭也不抬，純粹用對話的文字內容來判斷妳要些什麼。

網路上曾經看過一篇研究，不確定是不是純屬趣味的僞科學，總之是說女人的第六感確實存在，那是一種不用語言動作，從空氣中就能讀取到他人情緒的電波。

如果這篇研究是眞的，那一定就是跟女性朋友在一起時，好像不說什麼也能彼此理解的默契，至於和自己的伴侶，就是只能用電波去讀取他的想法，但卻不能奢望他能讀取同樣的電波吧！

不要用「靈魂伴侶」的想像束縛彼此

如果真的有靈魂互相吸引這回事，那麼吸引人的，其實是和一個與自己截然不同的靈魂相處；和自己在想法、行動上都能一致的對象，反而是種自戀的投射。

我們總以爲對的人就是靈魂伴侶，所謂的 soulmate，這個詞彙帶來太多美好的想像包括了無話不談、心心相印、互相體貼、不用開口也能彼此理解的默契、一個眼神就能夠知道對方想些什麼……

然而也是時候把這個不切實際的想像丟棄了。

已婚有子女的人，都已經脫離了少女時代，少女時代對戀愛、對理想伴侶的描繪和追求都來自於看過的漫畫小說、電視電影、各種被設計和塑造出來讓觀衆心動的橋段，在有了一些人生經驗之後就應該要知道，那些都如在雲端而遠離現實。**現實是沒有所謂「對的人」，只有願意溝通和磨合的伴侶。**一段關係中只要對方不是存心欺騙、實際上根本沒有愛情和親情的無賴，彼此都對關係有誠意的話，共同努力，就可能建立起一種很對的關係。

要達到這樣的目標就必須要從吵架中自我反省，思考下一次遇到同樣的事情，自己該怎麼做、怎麼說，而不是單方面的檢討對方。

如果妳每一次都檢討對方，那麼換個角度來說，妳對對方而言也不是那個對的人。因為妳總是把自己的期待和想像加諸在對方身上，而不去傾聽對方眞實的困難和需求。

我在看過一些夫妻之後，發現靈魂伴侶的可能性其實是建立在一種直覺上的，有些夫妻乍看之下並不登對，但是深入了解各自的脾氣和成長經歷之後，會發現他們確實在彼此身上，看到了別人看不見或會忽略的，對他們來說卻至為重要的特質。是那些特質在彼此幫助，讓雙方都成為更成熟的人，當然，能不能達成這樣的目標，也是要看彼此對關係的認知。

但是如果誤以爲可以找到一個這樣的人，在相處時沒有任何衝突和痛苦，好像生來就適合彼此，讓自己無須改變，就是誤解了「適合」的意義。

人跟人之間確實會有一種直覺的吸引，那種吸引和我們自認爲選擇對方的理由可能完全不一樣，就像我曾經以爲選擇現在的婚姻是因爲對方很了解我、跟他在一起可以很放鬆，卻在對方完全不能理解我，讓我感到失望和挫折的時候，才發現眞正吸引我的，可能就是他那跟我完全不同，因此也時常導致雞同鴨講的思考迴路。

如果眞的有靈魂互相吸引這回事，那麼吸引人的，其實是和一個與自己截然不同的靈魂相處；和自己在想法、行動上都能一致的對象，反而是一種自戀的投射。一旦陷入自以爲是戀愛的自戀，更可能在發現對方不那麼認同自己、和自己有不同想法時，體會到幻想破滅的挫折。

我們生來就是獨一無二的靈魂，沒有人彼此相同或天生適合，只有和不同的人相處所造成的挫折，能讓我們發現自己還有進一步成長、改變的潛力。

所以不要誤以爲靈魂伴侶就是沒有爭吵和衝突的一對，那些在別人眼中看來很有默契，讓人想用「天造地設」來形容的關係，其實生活中會有的衝突摩擦一樣都沒少，沒有人是誰的眞命天子或天女，只是兩個平凡的人，在相處中學習如何在照顧自己的同時，也不傷害對方的心。

發生在過去的事情，聽起來就是抱怨

吵架時對對方說「這不是我要的人生」，其實就是傷害對方自尊心的一種方式，雖然說出口的人未必有那樣的意思，但當妳對對方這樣說的時候，聽在對方耳裡，就會有「跟你結婚結錯了」的暗示。

南韓的兩性作家南仁淑曾說，如果和女人相處有所謂的指南，那一定是厚厚一本寫滿了必須要注意的細節，但男人的相處指南卻只有一頁，上面只有一句話：自尊心、自尊心、自尊心。

雖然不知道被這樣說的男人是覺得深有同感，還是不以爲然的覺得「哪有，我們男人也是很複雜的」，但總之不論男人女人，被踩到自尊心時，一樣都會覺得受傷和不愉快。

吵架時對對方說「這不是我要的人生」，其實就是傷害對方自尊心的一種方式，雖然說出口的人未必有那樣的意思，但是不能忘記的是，既然已是夫妻，生活、人生，事實上都綁在一起，當妳對對方說「這不是我要的人生」的時候，聽在對方耳裡，就會有「跟你結婚結錯了」的暗示。

夫妻吵架總是如此，雙方都會因爲深陷於自己的情緒，沒有辦法察覺到自己對對方所做的攻擊，一旦轉換角色變成局外人，看別人夫妻也這樣吵架時就能察覺，在自己情緒中打轉的溝通，就像是在自說自話，**就算沒有互相傷害的念頭，但字字句句都是互相傷害**。

特別是在有小孩之後，會有許多問題需要夫妻共同解決，儘管角色不同，所以面對的壓力和困難也不一樣，但是如果說出「這不是我要的人生」就像是在否定自己過去的選擇，連帶著，也否定了身爲另一半的對方。

對方也會覺得妳只是在抱怨，**一句話聽在對方耳裡，究竟是「抱怨」還是「溝通」，往往是取決於妳所說的事情發生在什麼時候**。

所以對於那些已經發生的事情，比方說不得已跟著先生去參加聚會、被迫放棄自己想做的事情、或者讓先生出門打球，其實心裡很不高興……

所有已經發生的事情都是過去，沒有辦法改變，也**沒有人會在聽到過去的事情時，心平氣和的承認自己當時有錯**。

所以如果妳想要訴說自己被迫承擔多少麻煩、是多麼疲憊的過完了一天，都只會讓對方覺得「妳又在抱怨了」而直接關上耳朵。

比較好的說法是把已經發生的事情都當作經驗，用「我今天體會過了，所以覺得如果下次有同樣的情況，可能還是……會比較好」的方式敍述這件事情，對聽的那一方來說，因爲講的是未來的事情，才有他能做些什麼共同改善的餘地。

不要在雙方都累得像狗一樣的時候去扮演最後一根稻草，否則只是讓對方也火大起來，而人在生氣時所做的回應，可能還會讓妳加倍的傷心。

在婚姻裡學習獨立自主

一件非常現實而殘酷的事情是，只有在談戀愛時，男人可以聽進女人對他做的不夠的小小抱怨，甚至可以視情況看作是可愛的撒嬌，誠心誠意的道歉或彌補。

但是到了婚後，就像女人會對男人有「要有肩膀！」的期待，男人也希望女人可以不那麼依賴自己，這指的並不只是能自己處理生活中大小事情，更重要的，是要能自己平撫自己的情緒。

戀愛時抱怨對方可能還增加情趣，婚後特別是有小孩之後，不管全職媽媽、職業婦女、上班的男人或家庭主夫，總之在小孩還小，特別消磨人的意志和體力時，夫妻之間都會希望彼此能做好自己的職責，有需要共同面對的事情就共同討論，但是情緒問題，最好是能各自解決。

因爲已經很累了，不管是上班或在家帶孩子。希望看到對方時都是互相鼓勵和安慰的微笑，苦笑或許還可以，但總之不是抱怨和指責。

——已經很累了還要考慮到對方的心情，做出我今天很開心的樣子嗎？

可能會有人這樣委屈的問我。當然不是，沒有必要去扭曲自己眞實的感受，把不開心演成相反的樣子。

但是說表達不開心時，就有必要讓對方知道哪些是妳希望他做的，哪些又不是他的責任。

換個角度想，我們也不希望對方在下班之後，把今天在公司受到的氣、整天工作的疲憊和委屈，就直接的寫在臉上，和我們臭臉相對吧。

如果對方因爲很累而突然有感而發的說，「這不是我要的人生」、「我覺得妳什麼都不懂」，也會讓人非常的沮喪和傷心吧。

——那就說到讓我懂。讓我知道我能做些什麼，不要一副後悔跟我結婚，現在很想回頭取消的樣子。

會傷害自尊心的表達方式，就是轉換立場，想像如果是自己聽見對方這麼說，也絕對會難以釋懷、大受打擊的表達，既然如此，爲什麼自己還要繼續使用，甚至希望對方能回應予善意和包容呢？

眞的覺得很累很不開心的時候，把注意力放在「我能爲自己做些什麼」，還有「我希望對方爲我做些什麼」這兩個問題上，不要被動的等待對方的付出，也不要讓自己累積了一天的情緒，就等著見面時一次宣洩出來。

那心裡想要抱怨對方做的不夠或不好的情緒呢？我的想法是，找朋友傾訴去吧。不要在雙方都累得像狗一樣的時候去扮演最後一根稻草，否則只是讓對方也火大起來，而人在生氣時所做的回應，可能還會讓妳加倍的傷心。

期望總是會帶來失望，而我們在非常渴望對方實現我們的心願時，又往往沒有辦法察覺，自己對對方的期望有多不切實際，要對方從一句氣話裡聽見妳的千言萬語，要對方想像並且同理他從來沒有體會過的生活……

與其如此不如一開始就把期望降低，像在分配任務那樣，開口前就思考什麼是適合對方、也是對方能做到的事。

把這件事情說清楚講明白，才不會讓人覺得沒事就受到指責，如果是講也講不聽的事情，就要去思考怎麼加深這件事情在他腦中的印象，並且讓他知道這件事情對妳造成困擾的程度。

但重要的是**不要期望對方主動體貼妳的情緒，而是要思考怎麼表達，才能讓他懂妳的需求**。

在潛意識裡，妳是不是排斥溝通？

我們在親密關係裡最常見的迷思就是「如果他是對的人，溝通就不應該這麼麻煩」，所以在最需要努力的時候不願意去努力，錯誤的將焦點轉移到「他到底是不是對的人」這件事情上。

妳需要充電時該找朋友，還好現在網路很方便，即使不出門也可以傳個訊息，丈夫不懂的事情那麼多，不懂也不表示他就是不愛妳。

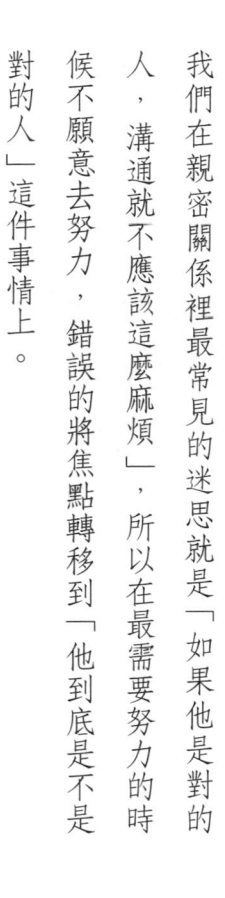

畢竟妳也未必都能懂他的心情，所以不要去想「爲什麼你就是不懂」，那只會讓自己心情低落。

我們太少練習在表達的時候，**把自己的情感需求和具體目標做出切割了**，所以才會在有話要說的時候，把截然不同的訊息綁在一起而變成火上加油。

理想伴侶就是「什麼都能說」的想像並不眞實，在家庭裡要像在職場上工作時那樣，理性思考在面對不同問題時，如何正確表達自己的需求。

但是一定有人會說，天哪怎麼這麼難，我不想在親密關係當中，還要活得這麼辛苦……

我自己也時常犯這樣的錯，也不只一次的想，如果不用這麼辛苦的溝通該多好，可以不說他也懂該多好……

直到我最終想明白，這是自己爲自己設下的心理障礙，**我們都有好好溝通的智商與能力，卻因爲潛意識裡排斥這麼做，而在親密關係中，智商和情商同時歸零。**

所謂迷思就是其實不眞實，卻被大多數人所相信的想法。而我們在親密關係裡最常見的迷思就是「如果他是對的人，溝通就不應該這麼麻煩」，所以在最需要努力的時候不願意去努力，錯誤的將焦點轉移到「他到底是不是對的人」這件事情上。

不切實際的期待只會讓自己失落。如果想要改變兩個人總是溝通不良，好像怎麼說對方就是不懂的困境，那麼可以思考，既然這樣說對方還是不懂，還反過來指責自己是在抱怨又不知足，那下次就不要這樣說，再換個說法好了。

不是換個說法來反擊對方讓他啞口無言，而是換個說法，看看能否讓兩人都心平氣和的討論問題、達成目的。

雖然一開始會覺得自己已經夠累了，在家裡面對伴侶，竟然還要爲了怎麼說話而不斷琢磨，但是一旦習慣了把情緒和目標區分開來，不再用「不說對方也能懂」的想像來束縛彼此，雙方就能夠少很多衝突和火氣，其實會比想都不想就把一天的情緒宣洩而出，還要來的輕鬆。

因爲不吵多餘的架，不會從現在的一件小事開始翻起陳年的舊帳，遇到問題可以就事論事，反而更能有彼此是人生夥伴的感受吧。

先讓自己冷靜下來，才有對話的可能

轉換立場去想像對方的處境，就會發現自己其實也一樣，在忙碌生活中並不想扮演對方的解語花，不是只有自己喚不回戀愛時被對方體貼的感覺，自己也一樣沒有餘力去關心對方、滿足對方的需求了。

在第一次當媽媽時，孩子又是高需求寶寶，我時常感覺到對溝通的力不從心。雖然理智上想著，要清楚、明白的說出自己的需求，但是眼見丈夫回家，那副我一天的疲累都與他無關的樣子，就忍不住心頭一陣火，委屈的眼淚也跟著掉了下來。又生氣又想哭，卻不像談戀愛時那樣等得到一句道歉和安慰，而是左等右等，只等到先生也充滿煩躁、失去耐性的語氣和態度。

現在想來還是太讓人傷心了。對於從早累到晚，深夜也不得好眠，感覺生產完的傷口和餵奶的疼痛都還未平復的我來說，人生中最懷疑愛情的時候，大概就是那段時間吧。

現在的我可以理解了，能夠像一個旁觀者那樣去回顧當時究竟發生了什麼事。先生那被我認爲是事不關己的態度，其實是不知道該做什麼的不知所措，總是自己躲在廁所、手機電玩不離身的樣子，也是因爲想要逃避我的指責而關閉了心門。

我的求助就像在門外拼命的敲門，但是始終說不出「我需要你做些什麼」，只是反覆說著「難道不是……」、「你應該要……」、「你爲什麼不……」的態度尖銳的指控，他因爲受到攻擊而想要躲我，而我明明才是受傷的那個人。

現在的我才有餘裕去思考「其實我們都是新手父母」，在我很挫折時他也很挫折，之所以總是用強硬的態度強調「我沒有錯！」並不是他想傷害我，只因爲他想維護自己受傷的自尊而已。

人只有在心平氣和時，才有可能設身處地的爲對方考慮，去想自己是不是也做錯了什麼。

好好溝通的條件是心平氣和。不要讓情緒扭曲了原本需要說清楚講明白的事，已經過去的事情不能翻出來要對方承認做錯，那些會在這時說「我錯了，請妳原諒我」的男人，多半也只是比較懂得女人心，知道在這時候只要放低姿態，麻煩事就可以少一半而已。

但是要在溝通時不勾起對方的情緒，就需要自己的情緒也達到某個平衡點才行。雖然又忙又累時總是很渴望別人爲我們做些什麼，但其實自己最了解自己，知道給予自己什麼，能夠撫平內心的毛躁。

如果是孩子還小，既沒有時間休息，連吃飯上廁所都困難的時候呢？那麼給孩子看一下卡通，自己滑一下手機也沒關係吧。

找個能夠理解妳的朋友傳訊息聊天，或者請不同生活世界的朋友，和妳分享一下她最近的興趣，把注意力從讓自己又累又煩的事情上轉開，也可以在爲孩子準備早餐時，多給自己一杯奶茶或咖啡。

網路購物這麼發達，動動手指就可以買件小東西來犒賞自己，雖然我也會說人不要役於物，但如果物可以給妳帶來快樂時，適度的消費又何樂不爲呢？等待老公因爲看著妳很辛苦，下班後主動帶回妳想要的禮物是不切實際的。

而想看書卻沒有時間時，也可以瀏覽網路書店的網頁，我總是在網路上看新書的書摘，只要偶然看見一句幽默的玩笑或者一段深有同感的文字，就會暫時遺忘那「不夠懂我」的老公。

身爲媽媽，「自己的時間」非常稀有，如果總是想要有充分的時間出門購物或下午茶，就一定會有彷彿身陷囹圄，動彈不得的窒息感。

所以只好像玩扮家家酒那樣，**努力在自己能力所及的範圍，蒐集自己喜愛的事物**，像是和朋友來往的訊息、一杯比平常更甜的奶茶、網路上看到的一段文字、甚至是網路追劇時，喜歡的片段可以在心情不好時拿出來重播……

有時我幾乎是「千方百計」的在讓自己的心情變好，這招沒用就再換一招，雖然孩子還是會不時來打亂媽媽轉換心情的節奏，但只要一有空檔，哪怕是只有五分鐘，能夠聽一首自己喜歡的歌都是在「爲自己做些什麼」。

而**人只要還有能力爲自己做事，就不會被動的等待他人拯救**，在先生下班、兩人碰面前，要盡可能做些事情來挽救自己的情緒，讓自己不要在最低潮悲觀、醞釀了最多怨懟和不滿的情況下，開口去談一件需要理性溝通的事情。

只要雙方的情緒都還算心平氣和，很多事情都可以小事化無，既然不能期待另一半像戀愛時那樣努力的安撫自己，就要自我期許，即使一個人也能給予自己良好的照顧。

而且轉換立場去想像對方的處境，就會發現自己其實也一樣，在忙碌生活中並不想扮演對方的解語花，不是只有自己喚不回戀愛時被對方體貼的感覺，自己也一樣難得有餘力去關心對方、滿足對方的需求了。

共同生活的難處就是柴米油鹽醬醋茶，除了這些現實的煩惱以外無暇經營生活情趣，許多人強調婚後仍然要有貼心的小禮物、按摩、一起看電影或燭光晚餐，但是這些所謂的情趣，卻通常有太多消費主義的暗示。

換言之鼓勵妳去花錢，但花錢並不能取代眞實的彼此關心，夫妻之間只要能夠和平相處，理性溝通，磨合出和諧的溝通模式之後，其實就會有細水長流的情感，不是偶然的浪漫可以比擬。

對方是和我一起並肩作戰，共同面對人生中各種第一次的夥伴，像是第一次照顧嬰兒、孩子第一次發燒、第一次送孩子上學、第一次開始叛逆期等等，對方是唯一的也是最珍貴的，和我們共同擁有這段人生的人。

價值觀、人生目標這類大的事情上，一旦產生分歧就很難化解，但至少不要讓小事變成大事，秘訣就是心平氣和的溝通，不要要求所謂的靈魂伴侶，當彼此的人生夥伴聽起來一點都不浪漫，但已經是難得的幸福。

不是不能期待對方，而是所有期待都要「合理」

我們必須接受現實中的不完美，承認人生時常讓我們失望，完美是一種想像，只會讓彼此受苦。

太過強調對人要放下期待，或許會讓人覺得，「那在一起有何意義？」因為除了像親子、手足這樣由血緣來決定的關係，伴侶、朋友，都是自己選擇的，而之所以選擇對方成為另一半，就是已經對對方有了特殊的期待，想要好好在一起，也是一種期待吧。

然而這裡所說的放下期待，並不是不能對對方有任何的要求或想望，對於彼此，我們可以有很多合理的期待，比方說互相尊重、互相道謝、對家庭負起責任等等。必須要放下的是那些不合理的期待，比方說即使不說對方也能懂、每一天都非常快樂、生活中沒有需要忍耐和妥協的事情。

因爲人與人之間必須要溝通才能彼此理解，而溝通的方式甚至比內容本身還要重要，方式錯了，對方就會接收到錯誤的訊息，做出妳看來並不合理，對方卻自有道理的回應。

所以不用理性溝通也能夠好好相處，這是不切實際的想像，也是不合理的要求。

而人生漫長，兩個人在一起是爲彼此遮風避雨，互相扶持，達到一個人時無法實現的目標，並不是一個人爲了另一個人的滿足而努力，做什麼都只追求快樂，所以也不應該幻想親密關係就是讓另一個人爲自己排除障礙，比方說從此不用辛苦工作賺錢、不用忍耐不喜歡的家族人際關係等等。

我們必須接受現實中的不完美，承認人生時常讓我們失望，完美是一種想像，只會讓彼此受苦。

對親密關係的失望，許多是我們自己造成的，對對方有期待卻無法實現的時候，可以先轉換立場想想，如果換做對方這樣要求自己，是不是真能輕而易舉的做到。

如果是連自己也做不到的，比方說「不說話也能聽懂彼此的需求」、「在很累的時候還要陪著做些自己也不感興趣的事情」、「只要對方要求，就爲對方排除所有人際的、經濟的，總之是共同生活會有的各種負擔」……這樣一想就知道這些是不應該拿來彼此要求，純屬天馬行空的幻想的。

我曾經覺得，一再提醒自己「放下期待」的感覺相當寂寞，明明是兩個人在一起，卻是我自己在爲自己想方設法，不管是傾聽自己的內心、安撫自己的情緒，找些喜歡的事物來排解壓力等等，所以不知不覺懷念起談戀愛時，可以撒嬌可以任性，可以理所當然的要求對方。

但是以夫妻的身分在一起生活，就是會看見許多談戀愛時看不見的部份，像是對方下班後疲憊不堪的神情，一起爲孩子的事情忙到深夜，一大清早，還是撐著疲累的身體出門上班，或者是在原生家庭裡背負起家人的期待，忍下自己不被父母偏愛的傷感……總之，就是可以看見在談戀愛時，總是表現出最好一面的另一半，在現實生活中，其實和自己一樣，爲了各個角色的責任義務，像是蝸牛一般背負著重擔而生活。

只要想到這個人和自己一樣有許多的辛苦，生活太累所以睡著時還會打呼，這些都是其他人看不見而只有伴侶才會知道的脆弱，就會覺得如果不是成爲夫妻，一定不會知道這麼多。

會爲對方感到心疼，在因爲自己「竟然在關係中如此獨立」而有所埋怨的時候，可以想想「這也是爲對方所做的事」，就是努力照顧好自己的情緒，避免增加對方的負擔。

所謂夫妻，就是這樣既獨立，又相連的特殊關係。不是像年幼的孩子依賴父母，一切都是某一方的責任，也不是像朋友那樣只在心情好時相聚，遇到困難時就各自分離。

可以對對方有期待，但是也要同樣的期待自己，不是把自己對人生的所有期望都寄託在對方身上，卻也不是全部的加以收回。

學習拿捏這其間的分寸，可能是已婚者一輩子的課題，雖然和單身的自由無法相比，但是在每次接近目標時，就會感覺到生活上有一個人相伴，人生中有一段關係的束縛，雖然不自由，卻也是一種幸福。

07

給孩子自由，是父母一輩子的練習

自由就像禮物，不一定出現在想要的時候

人生中的自由和不自由就是這樣，不是自己可以控制而只能學習接受，為了孩子而放下的自由，總有一天，孩子會在我們已經沒那麼想要時還給我們。

被年幼的孩子糾纏著不能脫身的時候，總會安慰自己似的想著：快了快了，他快要長大、快要聽懂了。孩子不會永遠不懂事，總有一天一定能給媽媽一點時間和空間，讓媽媽做一下自己想做的事，實現一點做自己的自由吧。

但想想在那之後不出幾年，孩子就又邁入狂飆的青春期了，即使聽懂也不想合作，覺得合作就是對權威妥協所以變得難以相處，身為媽媽需要忍耐的事情可能還會更多，這樣想下去，就會覺得生養孩子果然是對自由最大的縮限，妳為了孩子放

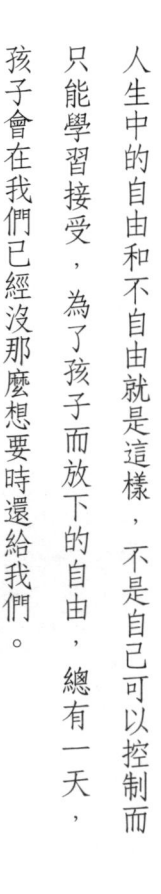

下那許多可以做自己的時光，而人生短暫，即使孩子長大，那些自由也再也喚不回來了。

但就像結婚，是我們爲了實現「一個人無法實現的目標」所做的選擇，在這個可以選擇不婚不生的時代仍然選擇成爲父母，就是因爲在我們心中，還是有著比單身更嚮往的生活，就我自己而言，那就是一幅熱鬧的家庭景象，回到家之後，家裡有著不只一個彼此等待、彼此關懷和對話的人。

我們主動擴大了自己的人際關係，迎接孩子成爲我們的家人，在這個已經不能夠期待養兒防老的時代，生養孩子不是爲了將來老後的生活，而是爲了現在，和孩子互相陪伴的這段時光。

希望這段時間能夠好好相處，也學習承擔身爲父母的責任，**以一家人的身分擁有的家庭時光，就是生養孩子最主要的收穫**。

不能夠期待永遠和孩子在一起，也不能夠要求他永遠把爸媽當成最重要的人，對孩子所做的付出都是在培養他獨立的能力，所以是總有一天，要放手給他自由的。

但是母親對孩子本能的牽掛，卻又很容易延續到將來，變成親子間的相互束縛。

母親的心情就是這樣矛盾，從成爲母親的第一天就知道，這個角色的責任沉重，讓人時不時會渴望掙脫，但是等到孩子眞正長大，不再用親子關係來束縛自己時，又會希望這樣的角色關係能夠永恆不變，讓自己在世上永遠擁有一個位置，不必害怕失去家庭而變成獨自一人。

很累很累的時候安慰自己說，孩子總有一天會長大，但是卻也不無感傷的想著，這表示他總有一天要和母親分離。

那時所得到的自由，可能又不像現在所想像的那樣，是純粹的美好而令人嚮往吧。現在緊牽著的手，有一天是要放開的。

我有時想著想著會覺得感傷，而想把孩子抱更緊一點，想要時間走的更慢一點，但是人生中的自由和不自由就是這樣，不是自己可以控制的，只能學習接受，**爲了孩子而放下的自由，總有一天，孩子會在我們已經沒那麼想要時還給我們**。

而我們必須在兩種截然不同的狀態下，都努力讓自己去適應，才能夠在那個時候放開孩子的手，不讓自己變成他的牽絆，欣賞他身爲一個獨立個體、一個成人，所應該實現的自由。

我們和孩子都一樣，是在獨立的自由和「變成一個人」的不安之間，內心不斷的拉扯，但是最終還是要提醒自己，人生在世，畢竟還是獨自一人。

只能珍惜彼此相伴的時光，珍惜自己身爲母親的「不自由」，雖然在當下所有不自由都像是急欲擺脫的束縛，但是當我們不再被孩子需要，重新找回做自己的自由時，那些緊密依靠的回憶，就會變成我們獨自生活的養分。

這樣說起來，在培養孩子成爲一個能夠獨立的個體時，我們也在培養自己的能力，學習做一個能夠付出愛，也坦然接受愛的人，等到必須獨自生活的那一天來臨，才會有更多面對孤獨的勇氣。

現在所感受到的不由自主，身爲母親不管願與不願，那麼多責無旁貸的付出，讓我們更懂得珍惜自由的美好，也讓我們在孩子獨立的那一天，感到難以負荷自由的孤獨和苦澀時，還有一些可以反覆回想，讓人感覺不枉此生的回憶吧。

培養孩子獨立，是父母對於人際關係的學習

從互相剝奪自由，到學習怎麼和孩子分離，給予彼此自由的這段過程，就是為人父母的人生吧。

孩子還年幼時我們期盼他長大，可以跟我們溝通，但是當他脫離了事事崇拜父母、對父母充滿戀慕的時期之後，就又到了總是和父母發生衝突，爲了證明自己長大而不願妥協的叛逆期了。

等他叛逆期結束，終於長成一個可以溝通的年輕人，想要坐下來好好聊天，共享家庭時光的時候，他又開始飛向自己嚮往的世界，不想再依偎在爸媽身邊，聊些不同世代、想法也難有共鳴的話題。

身爲母親一直在幻想孩子懂事後終於可以互相理解，以爲時候到了，卻必須放下這個想像，承認自己和孩子是不同世界的人。

這樣想會有一點感傷，也會因爲期望總是無法達成而感到失落。但是換個角度想，這表示**爲人父母永遠有一個值得努力的目標，就是放下期待，讓自己學習接受人際關係的連結和分離**。

一開始總是過度緊密的連結，剝奪了我們做自己的自由，等到終於適應了，澈底投入到父母的角色之後，卻又要開始學習從角色中走出來，拉開與孩子的距離。

孩子成年之後，就會有自己的想法和價值觀，那樣的主見，也是父母一路栽培，希望他能夠發展出來的。但是他自己的想法，卻又可能和我們的期待不符，這樣的「不符」會讓我們失望，覺得孩子聽不懂我們的好意、不認同我們的意見、不願意滿足我們那總是想和孩子在一起，共同決定所有事情的期待。

然而這樣的失望，是爲人父母所必須承受，甚至應該要欣然接受的。因爲那表示孩子終於長大，有他自己的想法，也不因爲年紀等因素，輕易的受父母所控制。

因此到那個階段，父母和孩子還能不能心平氣和的相處、自在的交談，就取決於身爲父母的一方，對於「獲得孩子的理解和認同」的這份期待，能夠降低甚至是放棄到什麼程度了。

希望孩子順從我們，就是希望他認同我們的想法，我們會渴望用自己的人生經驗替他做選擇，是希望他少走一點冤枉路，但是理性一點想，那些「我是爲你好」的想法，都是在控制孩子，剝奪他做爲一個成人，可以爲自己做決定的自由。

而那是我們自己在成長過程中，最排斥父母對我們做的事情。

角色轉換後多少可以理解到父母的心情，甚至也可以察覺，在這種種「父母是爲你好」的干涉中，也有著父母無法接受自己變老，必須和孩子分開生活，從此變成獨立不相干個體的脆弱，但越是如此，越要讓自己對父母的認識，變成自己在做父母時，不再重蹈覆轍的自我提醒。

在孩子長大，給我們重新做回一個人，最重要的身分是自己而不是某人的父母的時候，我們也要相應的放手，給孩子做他自己，而不是某人的孩子這樣的自由。

從互相剝奪自由，到學習怎麼和孩子分離，給予彼此自由的這段過程，就是爲人父母的人生吧。

父母和子女，都會渴望被對方認同

覺得愛我就是要認同我、不應該批評我或限制我的，可不是只有成年的孩子，還有年長的父母。

人際關係並不是只要彼此有感情在，就能相處愉快的。

即使是彼此都有感情的父母兒女，也會因爲過於渴望自己的想法得到對方的肯定，甚至是自己的作法，能夠從對方那裡獲得具體支持（有時這種支持和控制很難區分），而讓關係陷入緊張甚至是瀕臨破裂的程度。

「是我的父母／孩子，卻對我那樣說……」這種心情有可能同時存在於兩造雙方，越是向對方表達越可能讓衝突激化，只能各自去找自己的同溫層訴苦。

翻開以前的日記我曾經寫過這樣一段話，「到後來他們對妳的怨，和妳對他們的怨如出一轍……」

孩子希望被父母愛著，父母也希望感受到孩子的愛，彼此都期待著對方能夠「永遠無條件的支持自己」，這種期待太過強烈，反而容易在相處時斤斤計較對方的言行，失去對彼此的好感和溫柔。

這種時候只有讓自己對對方的感情占上風，回到「**只要對方健康快樂就好**」的最單純的祝福，停止對對方「你應該要愛我」的期待和要求，才能挽回彼此和諧的親子關係。

但是要做到這點，就要跳出親子關係就是相互依賴的模式，承認並接受彼此都是獨立的個體，換言之，雖然對方是自己的父母／孩子，但是，不能永遠用父母／孩子的眼光去看待對方。

對方是一個獨立的人，一個有自己想法和生活方式的個體，有些親子一旦距離接近就會劍拔弩張，從生活習慣到人生方向都能夠大吵特吵，原本在一個屋簷下生活的人關係可以惡劣至此，就是因爲彼此都認定「既然在同一個屋簷下生活那麼久，應該要能夠認同我、接受我想要的生活」。

但是彼此都認爲是自己的想法應該要獲得認同，都認爲自己才是正確的，因此想法上的落差沒辦法像朋友之間意見不和那樣可以一笑置之，反而是每件事情都想說服對方，爭論都一定要有個「結果」。

讓這種衝突更複雜的，還因爲這樣的爭吵都跟愛的感受有關，覺得愛我就是要認同我、不應該批評我或限制我的，可不是只有成年的孩子，還有年長的父母。

父母也會對孩子產生這樣的埋怨，在孩子和自己意見相左時，產生不被愛的感受，只是表面上更容易僞裝成「是因爲我比較年長、我人生閱歷比較豐富，所以我就是對的」，這種好像只是在跟孩子單純論理，實際上牽扯到情感認同的衝突。

父母和孩子都一樣，沒有人是目空一切的聖人或完人，所以都會讓自己對自己不足的愛，變成了不自覺向他人討愛的衝動，雙方都會產生的一種狀態是，明明是自己缺乏自信，有自信的話根本不需要別人的贊同，卻認爲問題都出在對方的不懂事或者食古不化，反覆抱怨對方不懂、所以沒有給予應有的認同。

有時我會在成年子女身上看到這樣的心情，子女爲了自己感情和職業上的選擇不受祝福而感到悲傷，甚至因爲父母的否定而感到憤怒，但爲人父母之後我終於也能夠這樣想，或許眼見著事事和自己唱反調，說著「你們不懂」的子女，也會讓父母一樣覺得自己不被肯定，不受認同吧。

家不是講理的地方而是講情。有人說這句話顯得鄉愿，明明應該追求合理的怎麼會只能講情呢？難道要因爲感情至上，而放下是非對錯的界線嗎？

但是有很多事情，本來就無關於是非對錯，不過是不同的選擇，有著不同的立場而已。

雖然是討論夫妻相處之道時的老生常談，但是在面對父母／兒女的時候，其實也一樣適用，許多看似講理的場合卻無法就事論事，而是搞得劍拔弩張，彼此都一肚子生氣委屈，覺得「對方不理解我又自以爲是」，就是因爲引發衝突的其實不是表面上的道理，而是深層的情感／認同的拉鋸。

• 在家裡，做一個講理也懂情的人

我希望自己無論做父母／子女，都是一個能夠「懂情」的人。能夠因爲懂得人世間的情感，而對人有更多的寬容。

雖然也不只一次，爲了父母不理解或不認同我的選擇而感到傷心失落，但是當我越來越懂得用情感來解釋這一切時，察覺到那是在內心深處，雙方都有著不想被對方傷害，想從對方那裡獲得贊同的渴望，我開始學習就從自己開始，先放下這樣的期待和心願。

然後我發現，當我不再那麼堅持自己是對的、合理的，所以希望父母贊同我的選擇，而是看淡父母的表態，回到自己的生活專心做自己時，父母那希望說服我、改變我去接受他們意見和想法的態度，甚至於是在我堅不讓步時，因爲憤怒而對我做出的指控，也不知不覺的就改變、軟化了。

因爲**一切關於誰比較有道理的衝突**，**其實都是跟感情有關的**，我們會用希望從對方那裡得到更多的愛，甚至是無條件的愛這種想法，不自覺的束縛彼此。

孩子覺得「是父母就應該要愛我、支持我，不是隨便的評論我的想法」，父母也會覺得「養你這麼大，你應該要回報以愛和尊重，怎麼還反過來批評養育你的父母」，當兩方的心情都是向對方索求認同，覺得對方認同自己才是應該的，就沒有任何一方可以獲得滿足。

這種不足只會引起怨氣和自覺受傷的委屈，而實際上不管是父母對兒女，還是兒女對父母，都不應該用「你／妳不懂，本來就應該要這樣……」的態度去互動。

彼此都已經是成人了，生活方式應該是各自的選擇，與其不斷糾結著對方爲什麼不能認同自己，或者對方應該要過什麼樣的生活，甚至是用什麼樣的方式照顧孩子或孫子等等，還不如把這些爭議都放下，**回到最單純也最基本的，人與人之間的彼此關懷**。

只是關心對方的健康，但不批評對方的生活，表達出希望對方健康快樂、生活自在的祝福，放下那些對方是父母／孩子，就應該要做到哪些，才算是愛自己、認同自己的想法和期待。

把事情和情感分開來看，年長的父母要告訴自己，成年的孩子堅持搬出去，也不表示不愛父母，堅持在教養上按照自己的想法去做，那也只是他承擔自己做父母的責任的一種方式，而成年的子女也要知道，當父母提出不同意見，或者是批評指責，也不表示自己就不能按照自己心意去做，只要是自己的生活和自己負責任的事情，已經獨立了，就要做到即使父母有不同意見，還是要忠於自我的選擇。

親子之間就像夫妻相處那樣，充滿了不會有對錯，只是選擇不同的問題，不同住的話發生衝突也可以比較單純的處理，盡量避開一定會起衝突的地雷，不要求討論一定要有共識，提醒自己把對方當成朋友那樣的相處就好了。

同住的時候會因爲同住所帶來的義務，必須要有共識的事情增加，很難不彼此干涉，所以在相處上需要更多的智慧，但是無論是身爲父母或成年子女的一方，都要盡力去提醒自己，每一件事情要按照責任劃分界線，而界線訂了，彼此就在各自負責的範圍內做好自己，不要用含糊的界線來混淆責任區分，這樣一來，雙方都覺得自己有絕對的權力，所以各執己見的情況就會變少了。

彼此相愛，未必就彼此認同

因為被對方所愛，就要無條件接受對方想說的話、想做的事，這種愛與其說表達著「我這麼愛你」的心情，不如說是非常強烈的傳達「你應該要愛我」。

「對方如果愛我，就不該對我有那樣的否定。」這種想法是把愛和認同、讚美、肯定等等的條件綁在一起，於是只要得不到父母或孩子的認同，就否定對方的愛。

而嚴重一點的甚至會無意識的想要控制，對自己和別人都說：「我那麼愛對方，對方卻不珍惜我的心意」，實際上只是「希望對方按照我的心意去做」而已。

對於上上一代而言，愛，不是一個生活中會出現的字眼，而我們的上一代，我們的父母，雖然已經會談愛的教育，但是在教養我們時，所謂的愛，卻又時常是在指責中才會聽見的事。

不知道是不懂愛的眞諦，還是純粹只是不懂得表達，總之在生活中聽到愛的時候，那句子通常都是「爸爸／媽媽那麼愛你／妳，你卻這麼不聽話、不孝順、不懂得爸媽的心……」

聽到這種話還能夠回應「原來如此，我知道我錯了，謝謝你們這麼愛我」的子女不知道究竟存不存在，如果有，我想也是鳳毛麟角吧。

因爲被對方所愛，就要無條件接受對方想說的話、想做的事，這種愛**與其說表達著「我這麼愛你」的心情，不如說是非常強烈的傳達「你應該要愛我」**。

聽到這種話的人，不是被提醒自己擁有對方多少的愛，而是被要求應該要回應，而且回應的方式很單純，就是滿足對方。

實際上，愛一個人從來就不表示會無條件的贊同或喜歡對方所做的事，更不表示要聽從對方的要求，滿足對方的期待。無條件的愛應該是自我努力的目標而不是能夠向別人索取的內容，在子女逐漸發展出自己的生活模式之後，必須用「即使和我的期待不同，只要過得健康快樂就好」這種想法對待，才能做到彼此尊重，和諧相處。

只有一方有這種想法，而另一方還沒有放棄說服，想要改變對方和自己達成一致的話，一方越是努力靠近，另一方就越是拚命逃離的情況就會更加嚴重。

每當孩子跟我鬧脾氣，我就會默默想像他成年以後的樣子，想著才五歲的孩子就會有自己的想法、想用自己的方式做事、過自己想過的生活。

身爲父母在這個階段當然不能全部放任，因爲他還不會主動爲自己負責，但是也要提醒自己，所以就從現在開始，就要知道孩子遲早會長大，**父母必須放下期待，讓他用自己選擇的方式生活**。

雖然對父母來說，可能無論孩子長到幾歲，都會在成年孩子身上，看見他年幼時仰望自己、一切以父母爲重的小臉，但我總是反過來，看著現在他稚嫩的小臉，因爲不滿意我的要求而臉頰氣鼓鼓的樣子，想像他在成年後，就會用著比現在更強烈的態度，表達他和我有不同的意見、無法贊同我。

這種不受時空限制，一下跳到三五年、甚至是十五二十年後的時間感，既療癒了我當下因爲無法跟孩子溝通而產生的煩躁，也提醒了我，溝通，本來就不一定會達成「共識」。

現在的共識通常都是孩子聽從我，那是因爲他還小，有些事情他不能爲自己負責，既然責任在我，選擇權就會在我。

但是我既然在培養他爲自己負責的能力，就要練習讓他自己做選擇，讓他逐漸習慣爲自己負責，親子關係的互動模式會從他對我唯命是從，逐漸轉變爲成人與成人的互相尊重。

這種轉變沒有辦法因爲孩子的年齡，而像是突然轉身般一蹴可幾，我不可能從原本的大權在握，等孩子一過十八歲生日，就下放自己所有權力。

我必須讓自己每一天都在一點一點的放手，每一天都讓出自己一部分的決策權，讓他習慣開始對自己的生活負責，唯有如此，當我必須要適應他和我有不同意見、堅持做他自己而不是聽話孩子時，我的適應期才不會太困難而產生太多痛苦。

我必須讓順我＝愛我的感受脫鉤，不去重蹈上一代父母因爲威權教育的影子猶在，總是無法認同孩子的覆轍，不用孝順的觀念做親情綁架，要知道孩子不贊同我，不表示他對我就是沒有對父母的感情如果我覺得跟我達成共識，才表示孩子懂我的愛而且予以回報，那我應該要反省自己是不是犯了把愛無限上綱的錯誤，把阿德勒所說的「不健康的認同渴望」，強加在孩子身上，而這種施加一旦成爲習慣，反而會讓我變成愛的無能力者，我會變的無法單純的愛孩子，因爲**眞正的愛，是不包含控制的單純祝福**。

孩子是獨立的個體，儘管年幼時依賴父母，卻總是朝著與父母分離的方向前進，做父母的只能把握每個階段會有的不同美好，不能奢想「他只是現在不懂事，總有一天他會認同我……」，畢竟跟孩子的相處也是人與人之間的關係，最美好的付出總是心甘情願，而不是期待對方的回報啊。

最單純的幸福，就是「在一起」

就算感情再好，孩子的獨立本來就預設了要離開父母。尊重彼此，表示承認和接受對方有他自己的世界，也包括有一點感傷和失落的明白，在那個世界裡，很有可能沒有太多我們的位置。

每個時代都有不同的教養方式，比起教養，我更喜歡說是「和孩子的相處」。理由當然是因爲過去的教養，偏向把孩子視爲無行爲能力者，是成人的附屬，這種要求孩子一切以成人的標準爲尊，要求孩子「有耳沒嘴、不要問那麼多聽話就是了」的教養觀，留在人們心中的印象是冷漠和疏離，或許符合孝道，但就是讓許多人一直到了成年，都無法和父母建立情感交流吧。

但是即使經過一段時間的修正，現在四零、五零年代出生的父母，已經懂得強調愛的教育、男女平等，卻還是在教養孩子時留下一些過去傳統的痕跡，畢竟教養方式也是一種社會文化，文化總是長時間累積而成，代代相傳，不是那麼輕易可以澈底顛覆。

我們這一代在教養孩子的時候，更細膩的強調了和孩子的情感交流，雖然現在孩子都還沒有長大不能斷言後果，卻可以預期用這種方式和孩子相處的父母，一定會期待在孩子成年之後，自己和孩子之間，會有更親密、更感性的互動。

但是我卻覺得，各種對人的期待，都是要在期待浮現時，就警覺的提醒自己放下比較好。

人跟人的相處都是未知的化學變化，親子關係會走向什麼模式，也並非親子雙方完全可以掌控，中間還會受到雙方的條件、當下的情境、還有各自的同溫層所影響，換言之，**即使小時候一再強調和孩子無話不談，建立充分的信任和密切的互動，長大後能不能持續下去，也是充滿了名爲「緣分」的未知數。**

現在緊緊抓著我的手，吱吱喳喳說個不停的孩子，長大之後還願不願意跟我分享心情，是得之我幸、不得我命的事。

只要想到自己和上一代之間也是這樣的歷程，就會知道我們不該奢望自己和孩子的關係一定會不同，畢竟就算感情再好，孩子的獨立本來就預設了要離開父母，尊重彼此，表示承認和接受對方有他自己的世界。

也包括有一點感傷和失落的明白，在那個世界裡，很可能沒有太多我們的位置。爲了不讓我們念茲在茲的愛形成壓力，從現在起就要提醒自己：要愛的有智慧，要知道期待具有束縛雙方，也扭曲自然情感的殺傷力，所以要降低對無話不談的期待，在孩子懂事、成長獨立之後，如果還會想到探望父母，覺得和父母在一起的時間，還算能夠放鬆心情，相處和諧，其實就已經非常好了吧。

畢竟看看我們生活周遭，能夠和父母維持這種關係的人也是非常少數，能夠實現這種關係的家庭，多半是父母非常有人生的智慧，懂得讓自己，也讓孩子過得自在，就像朋友一樣能夠輕鬆相處的人，才會樂意花時間相處。

不管是哪個世代都一樣，在孩子最喜歡父母、對父母沒有任何懷疑和想要遠離的念頭時，因爲理解力和自制能力還不足，和父母不可能像朋友那樣互動和交流。

但是等到他有足夠的理解力和自制力，長大成人之後，又不可能還會想要緊跟著父母，比起聽父母說些上一代的想法和價值觀，會更想要和同世代的人在一起。

父母的心願和現實的條件似乎總是交錯而過，而人又總是因爲年紀和歲月而變的不自覺的固執，想像當我年老的時候，可能還要換作已經成年的我的孩子，用看待孩子的方式來面對和包容這樣的我，如果到時我的身體不如預期的健康，可能會做不到成熟的看待彼此的關係、總是心心念念「妳什麼時候要來看媽媽」，甚至到了讓孩子覺得煩的程度……這樣想像下去，也不知道自己究竟盼望的是什麼，人生最美好的似乎不是遙遠的、卸下父母重擔的未來，而是現在，責任最重、壓力也最大的時候。

在孩子還願意牽著我們的手的時候，想緊緊的牽著。因爲被不懂事的孩子時刻糾纏，有時甜蜜，有時卻又渴望掙脫的束縛，不出多久就會覺得是人生中難以忘懷，最平凡也最單純的幸福了吧。

後記

在最不自由的處境下，找到自己「眞心想要的自由」

我是在老大一歲多的時候出第一本書的，在那之前，曾經投稿也沒有成功，會在網路上寫寫小說，嚴格定義下算是正式出書的經驗，應該是幾本翻譯書吧。

小時候有過作家的夢想，當我發現我喜歡閱讀，怎麼也停不下來的時候，很自然的會想寫自己創作的故事，小學時還曾經寫過我的志願是「作家」，但上了國中接受升學主義的洗禮，這種想法就完全沒有了。

論起原因，應該是因爲，身邊完全沒有「眞正的作家」這樣的人。

不知道作家的生活是什麼樣子，也不知道怎麼樣才能成爲作家，就算在書店裡看到那麼多書名和作者，也可以察覺他們是社會上的「少數」，比起每天都會遇見的店員、銀行員、代書、會計師、老師等等的職業，即使年紀小，也很快就察覺，作家好像不是那麼容易可以做到的事。

加上當時學校成績算是不錯，從國一到國三逐漸晉升班上前幾名，會考試的孩子很能夠適應私立學校天天考試的生活（當然，適應並不表示喜歡或快樂），很自然就會用考試來決定自己的人生方向。

考得好而且也算喜歡的是中文或外文，當時我心裡想，作家就像畫家、鋼琴家一樣，是牽涉到藝術和感性的職業，但是沒有任何東西可以保證我具有那樣的創造力，也不知道作家應該要讀哪一個科系才好，我沒有辦法想像不知道該從哪裡開始努力的未來，但是憑著考試一路升上去，或許當個相關領域的研究者是可行的。

而且爸媽也因爲我的考試成績，開始期待我考上前三志願，然後台大、國外念書、返國教授……總之，一條擺在眼前似乎是可以滿足爸媽期待，自己也可以想像的路，應該就是最佳解答。

現在想起來會覺得，這就是升學主義對孩子成長的限制，除了憑藉升學管道所走出的方向以外，對世界上其他的事情既沒有興趣，也沒有想像力，更遑論大膽探索，總之大環境加上天生不愛冒險的性格，早在國中時期，就自覺「不切實際」而放下了成爲作家的夢。

這樣的我卻在三十一歲時出了第一本書，內容還是以我成爲母親的心路歷程，我覺得人生重大的轉折似乎總是有些偶然，卻又有種繞來繞去，最後還是回到最初的自己的那種必然性。

一直以寫作來記錄和沉澱心情的人，看到自己的文字化成書本還是充滿了感動。而同時間，也有種「如果不是因爲什麼都不順利，可能就沒有辦法寫出這本書吧」的領悟。

不只是說我把成爲人母時感覺到的辛酸和挫折。寫成書的內容，還包括我一直以來，不管是工作、研究所的學業，都讓我覺得事倍功半，好像是處處碰壁的情況居多。自己也不知道爲何要比別人多辛苦一倍，才能換到跟別人看來一樣的成果。

這樣的我在婚後沒多久，又遇到先生工作受到廠商惡性倒閉波及，損失全部存款的事情，有一陣子我眞的懷疑爲什麼我做任何事情都加倍認眞，不懂得放鬆只知道埋頭努力，照理說沒有功勞也有苦勞吧，人生卻好像不是這樣發展的……

有一陣子我非常憂鬱，總是在先生去上班時偷哭，後來靠著運動、和可以接受我的朋友不斷聊天、哭泣，她們願意聽我反覆說著那些讓我感到挫折、受傷的事情，大概半年多才慢慢走出來，心情回到一個正常的狀態。

另外，一直以來我遇到事情時就是寫作，所以這段時間裡我有四十多萬字的累積，明明生活非常忙碌，因爲缺錢又急著要把翻譯結案，連週末也要工作七八個小時，要說我是怎麼寫下那樣的字數的，其實我也說不上來。

有想法和心情時不寫，是一件很痛苦的事情，像是有想說的話卻沒辦法說，所謂的作家，我想就跟畫家、鋼琴家、各種跟創作相關的行業從業者一樣，是感性特別豐沛，又有強烈表現欲的人。

渴望自己的心情被看見和聽見，所以化爲文字或音符，因爲內在有這樣強烈的動機，而不會察覺自己在這件事情上，花費多少心力和時間。

講到這裡終於要講到重點了。

曾經覺得，成爲母親就是一連串失去自我、懷疑自我的過程，但是現在的我不那麼想了，可能也跟我這段經歷很有關係。

雖然稱不上是一個暢銷作家，作品也沒有獲得一定程度的成功，但是不管怎麼樣是出了書，實現了兒時的夢想，能有這樣的成果，而且發生在我成爲母親的階段，我覺得這個時間點並非偶然，而是在我自己未曾看見的生命地圖中，兩個非常重要的任務相遇的結果。

成爲母親這件事，其實我過去從未想的那麼清楚，只是隱隱然覺得好像應該要有孩子，很自然的想像著，自己的家庭會有孩子。但是我卻在承接了這項任務之後，抱著懷裡的小生命，才深刻感覺到這是我內心的呼喚，我一直想要做個母親，想知道自己在照顧孩子時，會是什麼樣子。

一個人內心最深層的恐懼，可能也潛藏著她最強烈的願望吧。我一直很怕自己會是沒有愛心的媽媽，表面上說著愛，心裡還是只想著自己的媽媽，我害怕，卻又沒辦法知道我會不會是，在我想像中如果我是那樣的人，那將是最大的噩夢。

於是我曾經無意識的想要逃避，想像不婚不生的單身生活，但是最終，就跟我曾經害怕婚姻，懷疑婚姻是否眞的都是牢籠，卻還是選擇結婚一樣。

很多事情必須正面迎向恐懼，才有可能破除。

因爲成爲母親之後，又以擔任全職媽媽的時間最多，我能夠在沒有工作和職場人際關係的負擔下，全心投入在家庭這種私人的關係中。

每天抱著孩子、爲家人做飯、哄睡嬰兒，這些純粹情感勞動的事情卻讓我在其中看見眞實的自己，發現我最在乎的、最想要知道的人生的秘密其實就是——我究竟是一個什麼樣的人，特別是，我是一個什麼樣的母親。

在母親這個幾乎被付出所定義的角色中，我想知道我能付出多少、爲別人放下多少自私自利、能承受多少情感上的挫折和失望只願對方過的幸福……我深怕我做不到，而在發現自己擁抱著自己的孩子，這些看似無比困難的事情，都能湧上一份自然的情感作爲強烈的動力時，我感到無比的安心。

原來我是這樣的人。我終於證明了，我是一個能夠付出愛，我付出的愛，也能夠被接收到的人。

長久以來對自己是不是一個愛無能，因而也不配擁有愛的人的懷疑，在我承接了這個最主要的內容就是付出愛、付出關懷的角色之後，終於可以放下、破除了。

那些在愛自己、對自己好、欣賞自己時，都會同時湧上來的「我是不是不配、沒有資格、不應該」的心情，覺得自己不夠好，永遠都要再更努力才能獲得喜愛的自卑，這一切的一切，就像新井一二三在書中提到她成爲母親的心情時曾說的那樣——「這個孩子證明了我的清白」。

我也終於向自己證明，我是有能力去付出愛的人，而不是只是擅長表現愛的表象，實際上冷漠自私的人。

當然這種事情總是在證明了之後，發現其實沒有向任何人去證明的必要，一個人究竟是什麼樣的人，最重要的不是別人怎麼看怎麼想，而是在一個人誠實面對自己時，無處可藏的那個自我，究竟能不能無愧於心。

成爲母親是我第一個看似偶然，卻絕對是必然的生命事件，而第二個這樣的生命事件，就是出書了。

在出版市場上沒有獲得盛大成功的我，這樣說還眞有點汗顏，但是對一個人的人生極爲重要的事情，對別人來說本來就不需要有同樣程度的重要性。可以說不管銷售上成不成功，能否就此定義我是一個「作家」並且持續朝這個方向邁進，我都會有這種感覺。

出書回應了我內心其實渴望，卻不知道如何靠近的藍圖。當我發現自己在爲人母之後，非常有限的時間裡，還是可以做到寫作和努力出版這件事情，我有種這是我原先不知道，但原來才是我生命最適合的計畫的感覺。

在每天忙碌的生活裡，沒有任何回饋、沒有稿費收入、沒有人會按讚的情況下，我像寫著日記那樣爲自己而寫，追隨著非寫出來不可的衝動，而且越是忙、越是連一點自己的時間都沒有，就越是覺得非寫不可，不然我懷抱著各種複雜的心情，會睡不著覺，覺得有事情沒有完成那樣的焦慮。

一個人能夠無所求的去做哪些事情，一定就是眞心的熱愛，或者是內心有某一種需求，能夠不看結果，單純在過程中被滿足。我想寫作對我來說就是這樣的事情，而這種對個人的領悟和察覺，都發生在我最沒有時間關心自我、照顧自我、更遑論探索自我潛能的，成爲母親而孩子還幼小的階段。

聽起來很矛盾但卻是最眞實的體會，原來在初爲人母時，我曾經感嘆並爲之痛苦的，覺得一點點自己的時間、自由、做自己的可能性都被母親這個角色所排除，逼得我只能做一個母親而不是自己的時候，其實所發生的事情是相反的。

事實是人就是必須在最缺乏機會、看似最沒有時間的情況下，用那最微小的一點點屬於自己的空白，拿來做些什麼事情，而更有可能了解、認識到眞實的自己。

講白話一點就是因爲成爲母親，生活中多數的時間都不屬於自己，所以那十分鐘、二十分鐘，一天下來眞的有可能如此稀少的「自由」，會拿來做什麼，就決定了自己究竟是個什麼樣的人，回應了內在眞實、最不可或缺的願望。

當然我也會追劇、看小說看漫畫，也會什麼都不做只想放空，但是對我來說最快樂、充電效果也最好的運用時間的方式，還是寫作，其次是閱讀。

我是在成爲母親之後發現自己最渴望的，也是最需要的東西，這幫助了我如何定位自己，還有決定如何安排我的下個階段的人生。

如果沒有成爲母親這種絲毫讓人沒有空閒，把個人自由全部剝奪的情境，或許我到現在還是很忙碌卻很茫然，只是做著我認爲自己做得到、也能獲得他人認可的事情，而不知道在我的生命藍圖中，最重要的兩個目標——成爲母親，還有作家，其實一直在那裡等著我。

一度覺得我對年輕女孩能給出的建議，就是現在很常見的——妳要在結婚生子前盡量探索自我，找到自己眞心想做的事情而且努力去做，因爲一旦成爲母親，那些事情妳都不用做了。

但是現在我卻又有了不同的想法，**人生每個不同的階段，都是幫助妳探索自我的利基**。

單身還自由的時候，時間是妳最好的幫手，妳可以轉換工作、也可以放下工作、可以嘗試各種角色、可以去旅行、接觸不同的世界……

而已婚有子的階段，妳總是在跟時間賽跑，每天妳的空間可能只有孩子睡覺時，手上還做著家事的那段時間，或者把孩子交給托嬰之後，妳上班途中，在公車或捷運上搖搖晃晃、頭暈腦脹的，腦海裡卻不斷浮現該做和想做的事……

看起來完全不像屬於自己的時間和自由，而純粹是一項工作和另一項工作之間的過場，但妳對自我的探索可能還會比過去，擁有大把時間卻不知道該怎麼做，不自覺就想模仿別人的故事的那個階段，還要更強烈，更直接碰觸到妳內在的眞實。

用最低標準來看，妳忙碌不堪的一天，一定還是會有像針尖上的一滴水，那樣珍貴而稀少的自由。

在那段時間妳想做什麼事情、想像自己是什麼樣的角色，什麼事情卽使只給妳十分鐘去做，妳也能覺得聊勝於無，給妳一定的撫慰效果。那件事情會決定妳是誰，或者說，讓妳發現妳是誰，可能跟妳原先想像的完全不同，卻也可能更接近妳的內在眞實。

以前我也認爲母親就是一個失去自由和自我的角色，也相信著許多人所相信的，在這個階段，最好讓妳的自我沉睡以免感受痛苦。

以爲要到下一個階段孩子大了，才能重新找回自己，卻又害怕著那時自我已經因爲長時間的壓抑，只剩下回憶而消失的無影無蹤。

但現在的我，卻覺得母親和自我可以並行存在，應該說她們本來就同時存在，妳怎麼扮演一個母親，代表的是在感情上，給妳最深刻、最沉重的考驗和負擔時，妳能做到多少，那是最赤裸裸的，因爲純粹屬於妳和孩子之間的關係而不是做給別人看，是妳屬於情感的那一個部分，實實在在是個什麼樣的人。

而母親以外的時間，妳爲自己做什麼，則是妳想要成爲的樣子，或許和我一樣，是曾經在年幼時描繪過，長大後卻澈底遺忘的那個自我，因爲這部分時間如此稀有，妳會意識到自己「**沒有時間模仿別人**」，所以不是看別人把時間拿來研究料理、刺繡、寫作出書、或者累積時間之後來趟旅行，可以覺得不錯就跟著照做，妳沒有時間去一一嘗試再比較「究竟喜歡哪一個」，妳會知道自己沒有時間盲從。

與其聽別人建議，不如閉上眼睛，就問自己究竟想要怎麼做。

那樣的自由，十分鐘也好，其實妳一定有。

就像無法長時間陪伴孩子的職業婦女，都知道品質可能比量更重要，會自我要求更加專注、誠心誠意的投入在能夠跟孩子在一起的短暫時光，當妳幾乎沒有時間實現自我時，妳用最低標準去找，至少一天之內總會有的，甚至僅僅是十分鐘，就在那種「孩子快要醒了我要趕快！」的急迫心情下，那就是妳最想做、也最接近妳內在所擁有，一個人的眞實願望的事情，妳也要專注、誠心誠意的去做。

所以母親有沒有自由。有，極少，但因爲極少而珍貴，更要好好珍惜。

而自由跟自我其實就是一體兩面，當妳知道要好好把握每一小段稍縱即逝的自由時，妳會更知道自己是誰，和別人不同，更不需要和別人相同。

這樣想來好像也回到我第一本書寫下的那段文字，雖然當時寫下時，內心只是朦朧的有些感覺，但經過這段時間我還有了第二個孩子，才覺得自己無意間寫下的所思所感，如今看來依然眞實。

——成爲母親之後，每個人看妳，都只看見一個母親，但妳看見妳自己，那麼清晰。

就把握那最微小的自由吧。不要全部在娛樂中度過，娛樂是一種刺激而滿足感無法累積也無法持續，妳需要娛樂沒有錯，但更需要拿這段時間，靜下心來做妳眞心想做的事。

妳一定可以找到妳想做的事情的。即使和過去不同，很有可能過去妳想做的事情都需要大把的時間和行動自由，所以現在無法實踐，但只要妳沒有停止拿這短暫的自由去探索，那些看似新的願望，可能是早已存在妳內心當中，妳一直都想寫下的故事。

給女兒的一封信

親愛的寶貝：

寫這封信給妳的時候，妳才七個月大，俗話說七坐八爬，妳哥哥在七個月大時才剛學會翻身，現在的妳卻不只會站，還每天爬上爬下，一點都沒有嬰兒的樣子。

我和爸爸看著這樣的妳，最常說的就是「實在是太厲害了」。妳好像不認爲自己是嬰兒，想做什麼就一定要做到，覺得自己沒有什麼是做不到的。

就算還站不穩，在枕頭上爬得太高，有時也會咚的一聲滾下來，妳也不會停下來哭泣而是再接再厲，只要和五歲的哥哥做到一樣的事情，妳就會看著我大笑，一副很得意的樣子。

我常常想，希望妳一直都是這個樣子，一直相信自己「沒有什麼做不到」。雖然現在的我，其實並不認爲人生是「有志者事竟成」，我覺得那樣的想法有點忽略現實，但是我確實相信的是，人只要去做自己眞心渴望的事情而且不斷努力，無論最後有沒有成功，有沒有達到自己認爲最理想的境界，都能夠過上不悔的人生。

親愛的女兒，有一天妳會知道，人生要不悔，其實是很難的。

因爲生而爲人，我們都會有很多渴望的事情，也會因爲人生經驗的累積，而不斷改變自己的願望。所以就是會隨著時間，對過去的自己有越來越多的悔恨。時常會想如果當初就懂得現在的自己所懂得的事情，或許能夠更快樂、更成功、也更能把握珍貴的青春。

很多父母會因爲這樣的想法，把自己認爲可以實現成功的方法，不斷重複告訴自己的兒女，希望兒女少走一點冤枉路，比自己更能夠接近理想的人生。

但是我並不想這麼做，因爲我知道，人只能從自己的經驗去學習，如果妳是按照了我的期望去做，表面上看起來是聽從了老人的智慧，實際上卻會給妳帶來最多的悔恨，因爲這是妳僅有一次的人生，妳應該要聽從自己內心的聲音去做選擇。

我想盡可能的做到不去干涉妳，就讓妳像現在這樣，用自己的方式不斷努力。就算有一天妳覺得這樣的決定好像不是最好的，也會因爲妳忠於自己的想法，而能夠覺得這是妳可以、也願意去承擔的事情。

人生不會重來，每一個發生在過去的選擇，當時都運用了最大的智慧、付出了最多努力，所以是有其發生的必然性的。

我在電視劇裡偶然看到一句話，「**人生的選擇沒有對錯，只是智者努力讓自己的選擇成爲正確，而愚者則視其爲錯誤而不斷爲之悔恨。**」看到時我的心揪緊了一下，是啊，我們應該要努力把自己的選擇活成正確，而方式是從過去覺得不夠好的地方學習。是因爲那些事情，我們才能更加了解自己，在下一次面對選擇關頭時，做出更適合自己的決定。

如果一直爲了過去的選擇而感到後悔，就等於相信了另外一條沒有走上的路才是唯一正解，這樣一來，就只能因爲無法回頭，而不斷埋怨過去的自己了。

這個世界並不公平，有許多人因爲一生下來就擁有的條件、緣分，而更容易達成自己的目標。但是有一件事情是公平的，就是每個人對於發生在過去的事情，都同樣無能爲力。所以媽媽很想要讓妳知道，在每一個階段，都要慎重的、認眞的，去看待自己所做的選擇。然後一旦選擇了，就努力讓這個選擇成爲正確，不是說發生錯誤時還要緊抓著這個選項不放，而是要把握從中學習的機會，用新的眼光去看待、把握自己接下來的人生。

不要因爲別人說「妳應該要怎樣」而去限制妳自己，也不要因爲性別、年齡，而畫地自限，人生是不斷認識自我的過程，這個過程不會到了某個階段或年齡就自動停止，就像媽媽現在也覺得自己還在成長，面對人生，永遠是「不夠成熟的」。

但是只要把注意力放在對的地方，妳就會越來越知道自己想要什麼，對人對事，都能有自己的想法而努力去實踐。

有一天妳會知道，人生沒有唯一正確的選擇，所以悔恨的心情雖然會存在，卻也沒有什麼事情，値得妳用接下來的人生爲之悔恨。

不要爲了回顧過往而停下腳步，但也不是要妳頭也不回、好像貶抑過去的自己那樣斷絕和過去的緣分，而是要妳保持一段距離冷靜、理性的回頭看待，想想自己當時爲什麼會那麼做，藉此了解妳的內心，是不是有妳自己也不明白的願望和傷痕。

所有的決定都是要妳更了解妳自己。就算現在妳還小，妳也已經踏上這個認識自己的過程。媽媽希望妳一直懷抱著現在的勇氣，用一個嬰兒的眼光看待這個世界，妳會發現這個世界是這麼令人感到驚奇和有趣，充滿値得挑戰的事物，然後卽使妳失敗，從某個地方滾下來，媽媽也會像現在這樣，覺得努力不懈的妳眞的很棒，眞心的爲妳加油。

當然，覺得很累的時候，也可以來媽媽身邊，媽媽會很樂意擁抱妳，因爲妳永遠是我的寶貝，和哥哥一樣，你們對我來說都是無比珍貴的人。

身爲母親，我們總是希望女兒過得比自己更好，而在我們這個時代，婚姻、母職，對女性來說仍然造成許多不合理也不公平的限制。

要突破這些限制，最簡單的好像就是不要結婚、也不要成爲母親了。

但是我卻在這樣想的時候感到猶豫，因爲這樣說起來，好像是身爲母親的我，對著女兒，不斷在否定自己的人生。

時代再怎麼變，有些事情是不會變的。那就是女兒是看著母親，想像著自己未來可能成爲的樣子，而母親則是看著女兒，想像著自己「原本」可能成爲的那個人。

女兒對母親有可能心生嚮往，也有可能會相反，覺得自己以後「絕對不要和母親一樣。」

而母親看著女兒長大、談戀愛、追尋夢想，那心情可能又更加的複雜，如果對當下的自己有什麼不滿，也可能會因此而懷疑自己，是不是在何時做錯了選擇。和母子關係不同，母女關係就是會因爲這樣的彼此參照，感情不是更加的親密，就是有更多的內在衝突。

媽媽我明明是選擇了自己的所愛而結婚，結婚後生下哥哥和妳，也按照自己的想法，選擇做全職媽媽專心照顧你們。如果還一直對著妳說：「女兒啊，以後千萬不要結婚、不要生孩子，就當個自由自在的單身女性吧！」妳看著這樣的我，是不是也會懷疑媽媽是後悔生下了妳，會因此而自責自己的存在，只因爲我沒有處理好自己內在的矛盾？

以前妳的外婆時常對我說「妳以後絕對不要當家庭主婦，像媽媽我一樣，只能跟老公拿錢，會被看不起」。我一開始都說「好，妳不要擔心，我不會的」。被唸到不耐煩的時候也會說「好啦好啦！我絕對不會」。想用更堅定的語氣讓媽媽安心。

但是長大後當類似的對話再次發生，我開始覺得困惑，媽媽自己做了很長一段時間的家庭主婦，卻一直對我說「妳以後絕對不要當家庭主婦」，在聽到我說「我絕對不會」時，心情到底是寬慰，還是覺得挫折和感傷呢？

在勉勵女兒的同時好像也否定了自己，顯然妳的外婆，在看著我時就會想像起自己原本可以擁有、卻因爲各種原因而無法實現的人生。我想像著那樣的心情，覺得那就是女人的矛盾，**身爲女人，我們好像一直是在親身示範、在教導女兒要自我否定，「以後千萬別過女人的人生」**。

那不是沒有道理的，不是我們身爲女性卻崇拜男性，對自己有所貶抑，而是在結婚生子之後，會深刻感受到社會對女人設下的限制和束縛，讓我們忍不住感嘆，希望女兒不要像我們一樣，因爲那麼多的不公平而吃盡苦頭。

明明是女人卻沒辦法對自己感到驕傲，而是爲自己在家庭和自我實現之間的拉扯感到惋惜，這樣的嘆息還會代代相傳，我能夠理解那樣的心情，卻想爲那樣的失落按下終止鍵。

人生還沒有結束啊。不是因爲成爲母親，從此就再也不能成爲母親以外的「什麼」，每個人都有好多的角色和好多的面向，可能性雖然不是無限大，卻也不是絕對的零。

因此我希望妳永遠都不要放棄去追尋。但是如果有一天，妳光是做個母親就覺得足夠辛苦，也希望妳能夠相信，卽使妳只是做好一個母親，那也是値得驕傲和喝采的事情。

因爲要那樣愛另一個人，爲另一個人放下自我其實是很不容易，不像別人說的那樣爲母則強，好像每個女人都能輕鬆做到，實際上那很考驗個人自我的成熟度，比較起來，單純只是追尋自己的夢想，反而還不那麼令人猶豫。

成爲母親就是會讓妳在爲別人和爲自己之間感到無比的掙扎，只是說如果我因爲這樣，就告訴妳「以後不要成爲母親了」，不只是在否定妳的存在對我來說多麼珍貴，可能也會讓妳產生誤解，好像不應該成爲母親。

那就不能體會到現在我擁抱著妳和哥哥時，內心感到多麼的溫暖和幸福了。

有人說女人成爲母親，就會在社會上失去自己的名字，某個角度來說這句話是對的，因爲每個家庭的條件和能力不同、孩子的狀況不同，很有可能，光是專心的做好一個母親就讓人焦頭爛額。

但是妳的自我並不會因爲「這個社會不認識妳」而失去，妳依然存在，妳的付出，並不會因爲無人喝采而消失的無聲無息。

媽媽我希望妳知道，「只有爲人所知的成功才叫做成功」是一種錯覺，人生的幸福也不是奠基在別人的認可上，幸福是一種主觀意識，只要妳了解妳自己、每個時刻都盡可能做適合自己的決定，爲了更有能力去做出這樣的選擇而不斷努力，一直這樣做，妳就會感到踏實而且幸福。

無關於別人對妳的看法，自我認同是一切認同的基礎。我看過許多看似成功，其實內在並不能眞心喜愛自己的女性，如果不是眞心的肯定自己，那麼外人看起來再怎麼好、給予再多的認同和掌聲，還是會爲了內在的空虛而輕易的陷入苦惱，一旦把注意力放在外在的不足上，就會一直往錯誤的方向追尋。

希望妳學會眞正的肯定自己，不是因爲跟別人比較而得來，而是在知道沒有完美的人、沒有完美的人生之後，能夠去欣賞，接受自己眞實的樣子。

聽起來非常抽象，可能也不太像是勉勵，但就是我現在對人生的一些感想：**人如果爲了別人的評價而活，就會讓自己的人生變得可惜。**

當然人總是會爲了別人的看法所迷惘，就像我在成爲母親之後，有一次回到大學母校，認識的教授還是不斷鼓勵我，應該把孩子放給其他家人照顧，把握機會出國念書。

「妳知道妳有那個能力啊。」

我對那樣的肯定感到飄飄然的同時，卻也覺得老師並不理解這個選項對我而言的困難，身爲母親我想自己照顧孩子，想在他們童年的時候陪在身邊，這個時候勸我出國追尋更好的發展，就好像在爲了「只是一個母親」的我而感到可惜。

老師喚起了我心裡的矛盾，覺得自己可惜的那種心情，但是看著哥哥（當時還沒有生妳），我同時覺得「這也是我想做的事情」，所以曾經有一段時間，我總是毫無意義的想著「如果我是男人就好了，可以讓一個女人爲我照顧孩子，讓我去做對自己未來發展最好的事情」。

但是這樣想也無異於自我貶抑，就等於是學社會學、認同男女平等的理念的我，其實還是覺得只有男人的成功模式才叫做成功，叫做有所成就，而那種成就完全奠基在社會競爭、是在群體的認同上的。

我會懷疑那是不是眞正的平等，如果我們不能肯定女人的生活、女人爲身邊的人付出的方式、否定她們照顧家庭的價值。

我覺得平等應該是一種新的眼光，去看待每一個人的各項選擇，而不是用一個框架放在那裡，表面上鼓勵每個人都去挑戰那個框框就叫做平等，實際上，那個框框本身就已經是某種不必要的限制。

講到這裡話題就又從具體變得抽象，簡單來說，就是媽媽我希望妳肯定自己，不管妳做什麼選擇，重要的是了解自己，然後忠於本心。

這不是只要長大就會自然學會的事，需要妳有意識的努力，這個社會可能也不是那樣教導妳、暗示妳，隨著年紀成長，妳能接收的訊息量越多，就會越感受到這個社會其實要求妳從眾，社會上多數的人，都會用一個理想女性的框架來期待妳。

成爲理想女性就能得到獎勵，媽媽希望妳不要受到這種誘餌所迷惑，不要爲了不眞實也不可能達成的完美典範而過度燃燒，希望妳愛惜健康、珍惜時間，該玩的時候玩，該認眞的時候就認眞努力。

一路上妳都會對自己的選擇感到困惑的。

就像媽媽到現在，有時也會懷疑自己的選擇。但是只要承認人生是永遠不斷在改變的過程，妳就能不卑不亢，不對自己做過分的要求，也不輕易貶低自己。

說再多可能都比不上妳自己對世界的觀察，而妳第一個觀察到的女性就是我。我有時爲此感到戒愼恐懼，有時也覺得我只想單純做我自己，讓妳看見我對自己誠實的樣子。

我寫出這第三本書的時候，有好幾個篇章是在深夜到淸晨，用背巾抱著不肯睡覺的妳，撐著疲憊的身體，獨自踱步所得到的靈感。那些靈感是媽媽在學生時代勤奮用功，一直以來也不斷充實自我的累積。

所以說沒有什麼白走的路或白費的努力，也不是只有一種特定的成功模式，就像教授建議我的「出國留學」，才能夠讓一個人發揮所長。

只要妳一直都是個認眞在了解自己，努力追尋內心眞實的人，相信妳不管是什麼角色、在什麼位置上，都能活出自己的光彩，最重要的，是過得無愧於心。

我實在不敢說自己的人生會過得很精采，所以足以當女兒的模範，但是也絕對不想重蹈常見的覆轍，就是對著女兒說「以後千萬別像媽媽我這個樣子」。這樣的說法只是在換個方式表達自己對過去的悔恨，被投射這種感情和情緒的女兒，也只會感到彷彿是自己拖累了母親。

沒有人能彌補他人的人生，**想要覺得「自己的人生還不錯」，能夠憑藉的只有自己的努力**。我不希望妳看著我，學到的是「女人對自己的人生是無能爲力的」，我希望妳可以感受到的是，人生在任何一個時刻，都能夠去做適合自己的選擇。而努力去做那樣的選擇是我們的責任，不只是我們的自由。

要讓妳有那種感覺我只能更加努力，我也承認自己現在仍時常感到迷惘，或許我不管到了幾歲都會有所迷惘，但是爲了讓妳覺得當個女人還不錯，媽媽我會努力對自己的人生、對自己的快樂負責。

女兒不是母親人生的延續，母親也不是女兒未來的樣子。雖然我的人生會有很長一段時間是在支持妳、陪伴妳，但我希望妳知道，我們是兩個獨立不同的個體，媽媽我會盡最大的努力讓自己變得成熟，不做妳的牽絆，而是給妳我最大的祝福。

媽媽的自由

給那些隱沒在女兒、妻子、媳婦、母親角色後的自己

作者：羽茜
主編：楊淑媚
責任編輯：朱晏瑭
設計：李佳隆
校對：羽茜、朱晏瑭、楊淑媚
行銷企劃：許文薰
總編輯：梁芳春
董事長：趙政岷
出版：時報文化出版企業股份有限公司
地址：一〇八〇一九臺北市和平西路三段二四〇號七樓
發行專線：（〇二）二三〇六六八四二
讀者服務專線：〇八〇〇二三一七〇五、（〇二）二三〇四七一〇三
讀者服務傳真：（〇二）二三〇四六八五八
郵撥：一九三四四七二四 時報文化出版公司
信箱：一〇八九九臺北華江橋郵局第九九信箱
時報悅讀網：www.readingtimes.com.tw
電子郵件信箱：yoho@readingtimes.com.tw
法律顧問：理律法律事務所 陳長文律師、李念祖律師
印刷 勁達印刷有限公司
初版一刷 二〇一九年四月二十六日
初版三刷 二〇二四年五月二十九日
定價 新臺幣三五〇元

時報文化出版公司成立於一九七五年，
並於一九九九年股票上櫃公開發行，
於二〇〇八年脫離中時集團非屬旺中，
以「尊重智慧與創意的文化事業」爲信念。

媽媽的自由 / 羽茜著．──初版．──臺北市：時報文化出版,2019.05 面； 公分．ISBN 978-957-13-7767-4(平裝)

1. 母親 2. 親職教育 3. 親子關係 544.141 108004510